KB236234

뜨개질이 즐거운, 니트

사이치카

마피아싱글하우스

손으로 만드는 일은 즐겁습니다.

손은 느낍니다.
손은 생각합니다.
그리고 손은 행동하지요.

저의 아버지는 작은 공장을 운영하셨어요.
어린 시절 그 공장은 저의 놀이터가 되어주었지요.
어른들 흉내를 내며 공구를 사용하여
주위에 있는 기계를 분해했다가 다시 조립하면서 놀곤 했답니다.

마음속으로 상상한 것이 눈앞에 결과물로 나타나면
성취감과 기쁨을 맛보게 되지요.
끊임없는 도전 속에 거듭되는 실패로 괴로울 때도 있지만
누구나 시행착오는 겪게 마련이니까요.
집중하는 시간과 완성까지의 여정이 핸드메이드의 즐거움이 아닐까요?

뜨개질은
자전거를 타는 것과 비슷한 것 같아요.
기술을 익히면 자전거는 몸 일부가 되어
왼발 오른발, 구령을 붙이지 않아도
어느 순간 자연스레 페달을 밟고 있는 자신과 마주하게 되지요.
원하는 대로 쭉쭉 길을 나아가며 페달을 밟고 밟다가……
잠시 휴식을 취하거나 왔던 길을 되돌아가기도 해요.
때로는 콧노래를 흥얼거리기도 하고 때로는 긴 오르막의 시련이 찾아오기도 하고요.
……끊임없이 뜨고 또 뜨며 이어지는 뜨개질의 향연, 그러다 완성했을 때의 뿌듯함!
어떤가요? 자전거 타기와 비슷하지 않나요?

이 책에도 갖은 시행착오를 거쳐 만든 흥미로운 스웨터가 가득합니다.
여러분도 저와 함께 뜨개질을 즐기며
자유롭게 자신만의 스웨터를 완성해 보시길 바랍니다.

사이치카

Contents

거센 파도와 생명의 나무 아란 카디건

아일랜드의 아란 (Aran) 섬에서 유래한 피셔맨스
스웨터는 그곳에 사는 사람들이 혹독한 자연환경을
견뎌내며 만들어 낸 아름답고 입체적인 뜨개코가
특징입니다.
생명의 나무라는 이름의 모티브에 매료되어
거기에 더해 좋아하는 바다를 떠오르게 하는
아란무늬를 떠 보고 싶어졌답니다.
거센 파도가 이는 수평선을 닮은 밑단 리브부터
뜨기 시작해서 모티브를 차례차례 연결해 가며
나무를 키워내듯 뜨개질하는 재미를 느껴보세요.

p.4 는 남성 사이즈의 루스핏 하이넥 카디건.
여유 있고 낙낙한 실루엣은 여성이 입어도 귀엽습니다.
p.5 는 짧고 가벼운 여성 사이즈로 소매에 길이감이
있어 추운 날에는 손등까지 덮을 수 있어요.

Yarn : 브리티시 에로이카 → p.80,82

거센 파도 아란 모자

아란 카디건 밑단에 떠 넣은 거센 파도 무늬의
리브가 모자로 변신했습니다.
목화씨가 터지는 듯한 봉긋하고 귀여운 형태는
위에서 바라보면 줄임코 라인이 딱 맞아 예쁜
별처럼 보이기도 해요.

p.6 은 밑단에 슬릿 (트임) 을 넣어
포니테일에 어울리는 스타일로 만들었고 ,
p.7 은 슬릿이 없는 디자인이랍니다 .
단추로 채우는 스타일뿐만 아니라
리브를 짧게 해서 얕은 스타일로 만드는 등
어레인지 방법은 무궁무진하답니다 .

Yarn : 브리티시 에로이카 → p.88

메리야스뜨기 마니아를 위한
스웨터

메리야스뜨기로 뜬 심플한 스웨터이지만
오히려 더 아름답게 느껴집니다.
규칙적인 증감코가 만들어 낸 궤적 덕분에
조용하고 기하학적이며 수학적인
그래픽 느낌의 스웨터가 탄생했지요.

몸판은 앞뒤에서
증감코의 간격을 달리했습니다.
증감코의 간격이 좁으면 밑단의 V 라인이
예각이 된답니다.

Yarn : 퀸 애니 → p.44

아가일 스웨터와 소녀 베스트

실의 색을 바꿔가며 알록달록 뜨개질해
나가는 건 짜릿하면서도 재미있습니다.
선택한 색들이 조화를 이루며 완벽하게
어우러지는 모습을 보면 절로 감탄하게
되지요.
다양한 색을 아름답게 배색하는 요령은
리듬감 있게 보이도록 음색에 주의를
기울이는 것입니다.
중간에 불협화음처럼 느껴지는 색도 섞어
놓으면 훨씬 더 매력적인 니트가 되지요.
좋아하는 음악을 틀고 좋아하는 음색을
색상으로 바꾸는 상상을 해보세요.
이미지를 떠올리기가 더욱 쉬워질 거예요.

스코틀랜드의 전통 무늬인 아가일로
 다양한 색을 떠 넣은 고풍스러운 스웨터와,
 소맷부리에 삼각형으로 테두리뜨기를 한
 여아용 베스트입니다.
  베이스 색상을 포함하여 28가지 색상
  을 사용했어요.

Yarn : 셰틀랜드 → p.46

뜨면서 스모킹하는 스웨터

고무뜨기의 코를 묶어주는 느낌으로 뜨개질하면
스모킹 자수를 한 듯한 니트가 된답니다.
뜨개도안을 보면 어렵게 느껴질 수도 있지만
사실 뜨는 법은 의외로 간단해요.
직선으로 곧게 뜬 몸판과 소매를
라운드 요크처럼 연결하여 원통형으로
뜨개질합니다.
라운드 요크는 바늘 호수를 바꿔가며
같은 기법을 반복하여 뜨개질하고요.
평평한 상태에서는 직선처럼 보이는 요크도
입으면 핏감도 좋으면서 자연스럽게
어깨선이 내려오는 예쁜 실루엣이 되지요.
니트웨어만의 특징이 살아 있는
디자인이랍니다.

Yarn : 셰틀랜드 → p.41

영원한 깅엄체크 스웨터

어른이 된 지금도 변함없이 좋아하는 이 깅엄체크 무늬로 스웨터를 만들고 싶었습니다.
큼직한 격자무늬가 하나하나 생겨날 때마다 설레는 마음과 함께 완성이 기다려집니다.
병태사를 안면에서 감싸며 뜨는 기법을 사용하면 서커 원단과 비슷한 질감의 텍스타일이
됩니다.
재킷처럼 따스하게 느껴지는 두께감 있는 스웨터가 완성되지요.
가장 좋아하는 스웨터를 아우터로 입으면 더욱 기분이 좋아진답니다.

Yarn : 셰틀랜드 → p.50

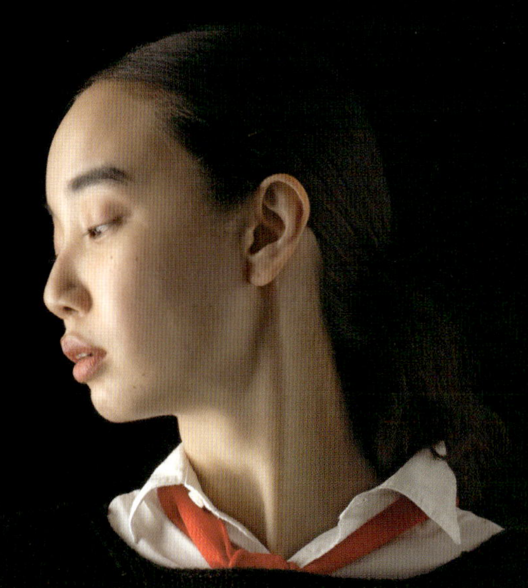

철학자 스웨터

검은색 옷을 참 좋아해요.
손뜨개 책에서는 작품 사진의 뜨개코가
까맣게 뭉개지는 경우가 많아
검은색 무지 스웨터를 소개하는 건 드문 일이지만
항상 검은색 스웨터를 떠 보고 싶었답니다.
검은색에 둘러싸인 것처럼 고요하면서도
조금 색다른 느낌의 스웨터를 만들고 싶었어요.
크고 넉넉한 몸판과 입체적으로 볼록하게 만든
기모노 스타일의 소매도 꽤 멋스럽지요.
묵묵히 검은색 스웨터를 뜨면서 명상에 잠긴 철학자처럼
조용하고 편안한 시간을 보내세요.
메리야스뜨기로 뜬 이색적인 스웨터,
검은색이라 더욱 멋있답니다!
Yarn : 퀸 애니 → p.52

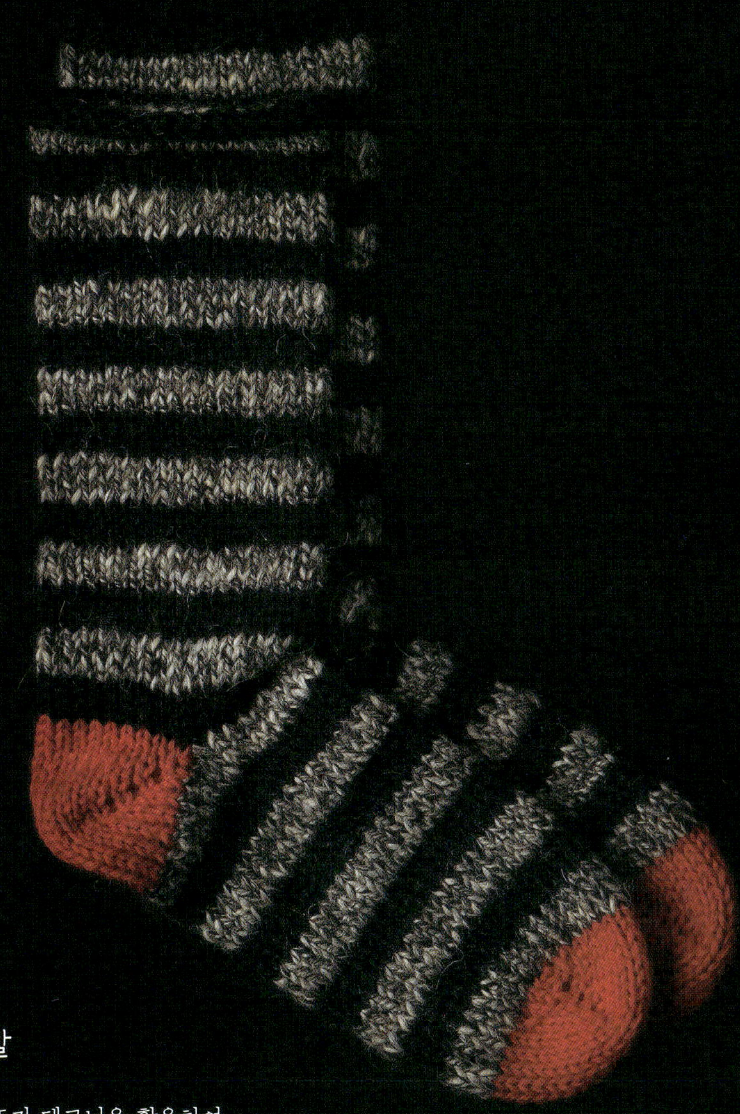

발뒤꿈치 스웨터와 양말

입체적인 양말의 뒤꿈치뜨기 테크닉을 활용하여
실을 빨간색으로 바꾸고
눈길을 끄는 부분을 업그레이드해 주었답니다.
양말과 세트인 보더 스웨터의 팔꿈치에
양말의 발뒤꿈치 부분을 떠 넣으니
약간 튀긴 하지만 스타일리시한 스웨터가 되었습니다.
'랩앤턴'이라 불리는 테크닉은
양말 뒤꿈치를 뜰 때 주로 사용하는데
잘 익혀두면 여러모로 유용하게 즐길 수 있답니다.

Yarn : 알베로, 미니 스포츠 → p.54

페어아일 카디건과 모자 ,
핑거리스 장갑

페어아일은 스코틀랜드 페어아일 섬의
생활양식과 풍토의 영향을 받아 생겨난
전통무늬이지요.
그래서 저 또한 익숙한 일상의 풍경을
페어아일로 배색해 보고 싶어지더군요.
첩첩이 달리는 도쿄의 지하철,
끊임없는 자동차 행렬, 분주하게 오가는
사람들의 모습……
가슴 부분의 레몬 옐로는 불현듯 떠오른
가지이 모토지로의 소설《레몬》에서
영감을 받아 떠 넣은 것이랍니다.
같은 패턴으로 모자와 핑거리스 장갑도
함께 만들어 보세요.

Yarn : 퀸 애니 → p.56

페어아일 베스트와 모자

색 조합에 따라 느낌이 완전히 달라지는 점도
페어아일이라 불리는 배색무늬의 흥미로운
부분이랍니다.
그린을 베이스로 한 패턴은 생기 넘치고
싱그러운 숲의 이미지를 표현할 수 있어요.
베스트는 타탄체크처럼 고풍스러우면서도
세련된 배색이 되었는데, 뒤 몸판에는
숲속 나무들을 연상케 하는 배색무늬를
넣었습니다.
모자는 귀까지 덮을 수 있는 깊은 스타일로,
고무뜨기 부분을 안쪽으로 접어서 착용해도
좋아요.

Yarn : 퀸 애니 → p.58

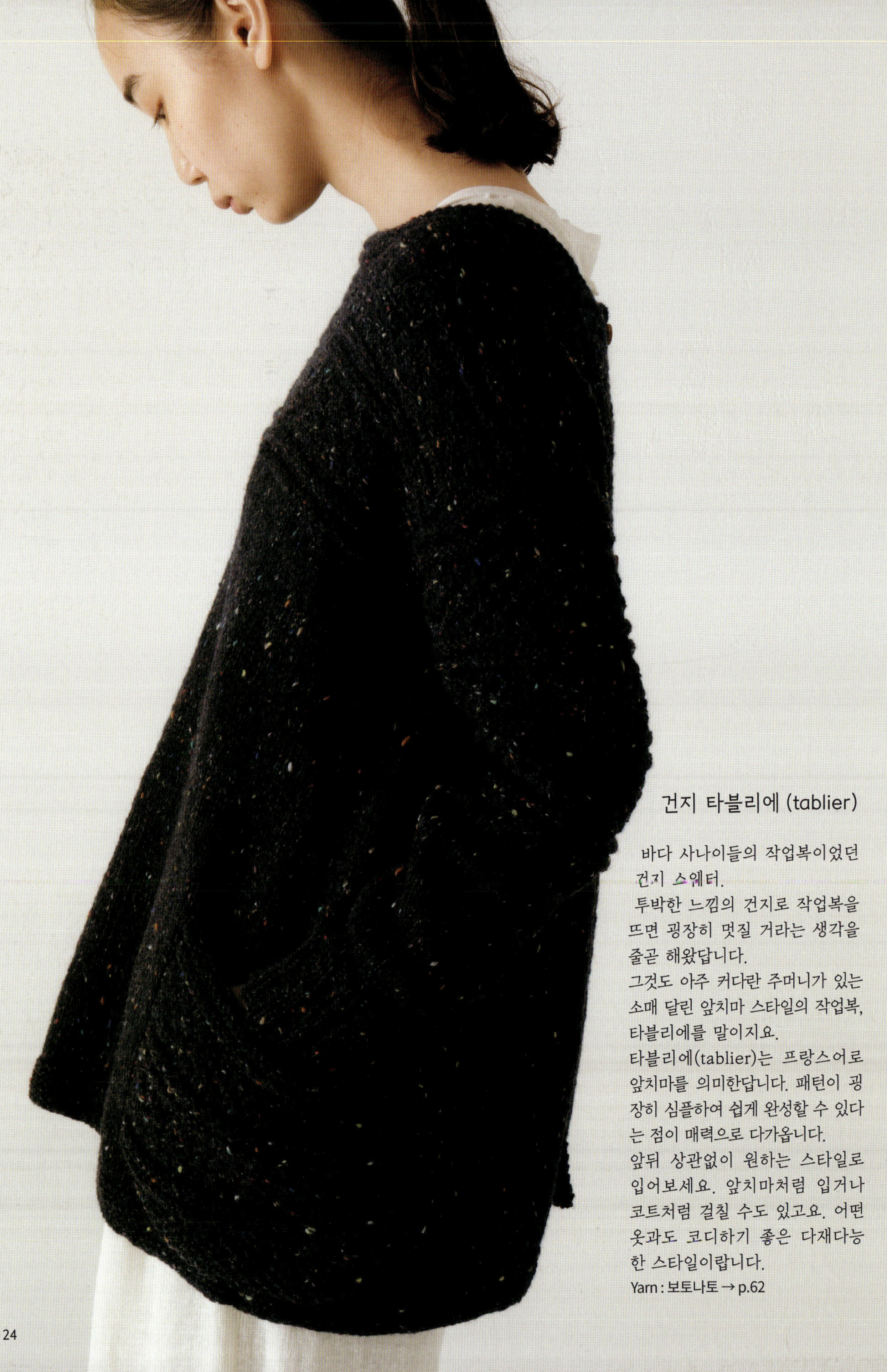

건지 타블리에 (tablier)

바다 사나이들의 작업복이었던
건지 스웨터.
투박한 느낌의 건지로 작업복을
뜨면 굉장히 멋질 거라는 생각을
줄곧 해왔답니다.
그것도 아주 커다란 주머니가 있는
소매 달린 앞치마 스타일의 작업복,
타블리에를 말이지요.
타블리에(tablier)는 프랑스어로
앞치마를 의미한답니다. 패턴이 굉
장히 심플하여 쉽게 완성할 수 있다
는 점이 매력으로 다가옵니다.
앞뒤 상관없이 원하는 스타일로
입어보세요. 앞치마처럼 입거나
코트처럼 걸칠 수도 있고요. 어떤
옷과도 코디하기 좋은 다재다능
한 스타일이랍니다.
Yarn : 보토나토 → p.62

딸기 스톨

파인애플뜨기로 그리움과 따스함이 묻어나는 스톨을 만들고 싶어
무늬를 떴더니 재미있는 '딸기 무늬'가 생겼지 뭐예요.
숲속의 곰이 이런 스톨을 두르고
부지런히 라즈베리를 따고 빵을 구워요……
이런 이야기가 어울릴 것만 같은 행복한 느낌의 스톨은 코바늘뜨기로 떴어요.
네트뜨기(그물뜨기)로 뜬 바구니에 커다란 딸기들이 줄지어 있는 듯 보여요.
구슬뜨기로 뜬 테두리도 동글동글 귀엽답니다.

Yarn : 퀸 애니 → p.65

리브 리브 베스트

어렸을 때 즐겨 입었던 최애 베스트를
시골집의 보물 상자에서 발견했을 때의
기분이란!
굉장히 심플한데도 매력적인 스타일이라
새삼 다시 떠서 입고 싶어졌답니다.
직선으로 곧게 고무뜨기를 한 부분을
꿰매서 이어주기만 하면 되는
간단한 베스트예요.
데님이나 셔츠와 함께 매치해도 좋고
여름 소재로 떠서 탱크톱 스타일로
만들어도 좋아요.

Yarn : 브리티시 파인 → p.64

스캘럽 에지 스웨터

편물의 개성을 고스란히 살려
테두리뜨기를 하지 않아도 되는 스웨터를
만들었어요.
케이블(꽈배기) 무늬는 에지 부분을
그대로 스캘럽 디자인으로 연출할 수 있어
다른 무엇보다 매력 있는 무늬예요.
이 T자형의 심플한 스웨터는
가느다란 모헤어 실로 숭덩숭덩
뜨개질할 수 있어 좋아요.
뜨기만 하면 완성되는 깔끔함이
이 스웨터만의 매력이랍니다.

Yarn : 키드 모헤어 파인 → p.70

와플뜨기로 뜬 재킷과 머플러

와플처럼 입체적으로도 보이고
정교한 텍스타일(직물)로도 보이는 니트
입니다.
정장이나 캐주얼 어느 쪽에나 잘 어울리는
기본 재킷과, 세트로 착용할 수 있는
머플러를 만들었습니다.
입체적인 격자무늬는 실의 배색이나
아가일 같은 기법 없이 걸러뜨기만으로
부담 없이 손쉽게 뜰 수 있어요.

Yarn : 퀸 애니 → p.72

아기 돼지가 낮잠을 청하는
나무 그늘 스웨터

아이들이 쓴 시집을 읽다가 그 티 없이 해맑은
문장과 문장 사이로 보이는 풍경을 스웨터로
표현해 보고 싶어졌어요.
나무 그늘 어딘가에서 분명히 아기 돼지가
낮잠을 자고 있을 텐데⋯⋯.
소매 무늬는 보리밭, 몸판에는 가지가 쭉쭉 뻗어
있는 나무 한 그루를 입체적으로 뜨고
레이지데이지로 풍성한 나뭇잎을 표현했어요.
뜨개질하면서 아기 돼지의 모습을 떠올려 보세요.

Yarn : 소프트 도네갈, 퀸 애니 → p.67

가터뜨기로 뜬 후지산 스웨터와
슈크림 모자

심플하고 기하학적인 가터 스웨터예요.
스웨터는 한쪽 모서리부터 뜨기 시작해서
커다란 사각형이 되면 종이접기 하듯이
대각선으로 반을 접어 줍니다.
그리고 꿰매주면 후지산 모양이 완성되지요.
편물의 양쪽 가장자리에서 2단마다 증감코를
한 바이어스 스타일로 뜬 모자는
윗부분에 고무뜨기하고 털실방울을
달아주었어요.
완성된 스웨터와 모자를 바라다보면
기법과 패턴이 만들어 낸 베이식한 편물의
아름다움에 매료되실 거예요.
모자는 평평하게 뜨기 때문에
사이즈를 조절하기 쉬우니 가족들을 위해서도
하나씩 떠 보는 건 어떤가요?

Yarn : 셰틀랜드 → p.74

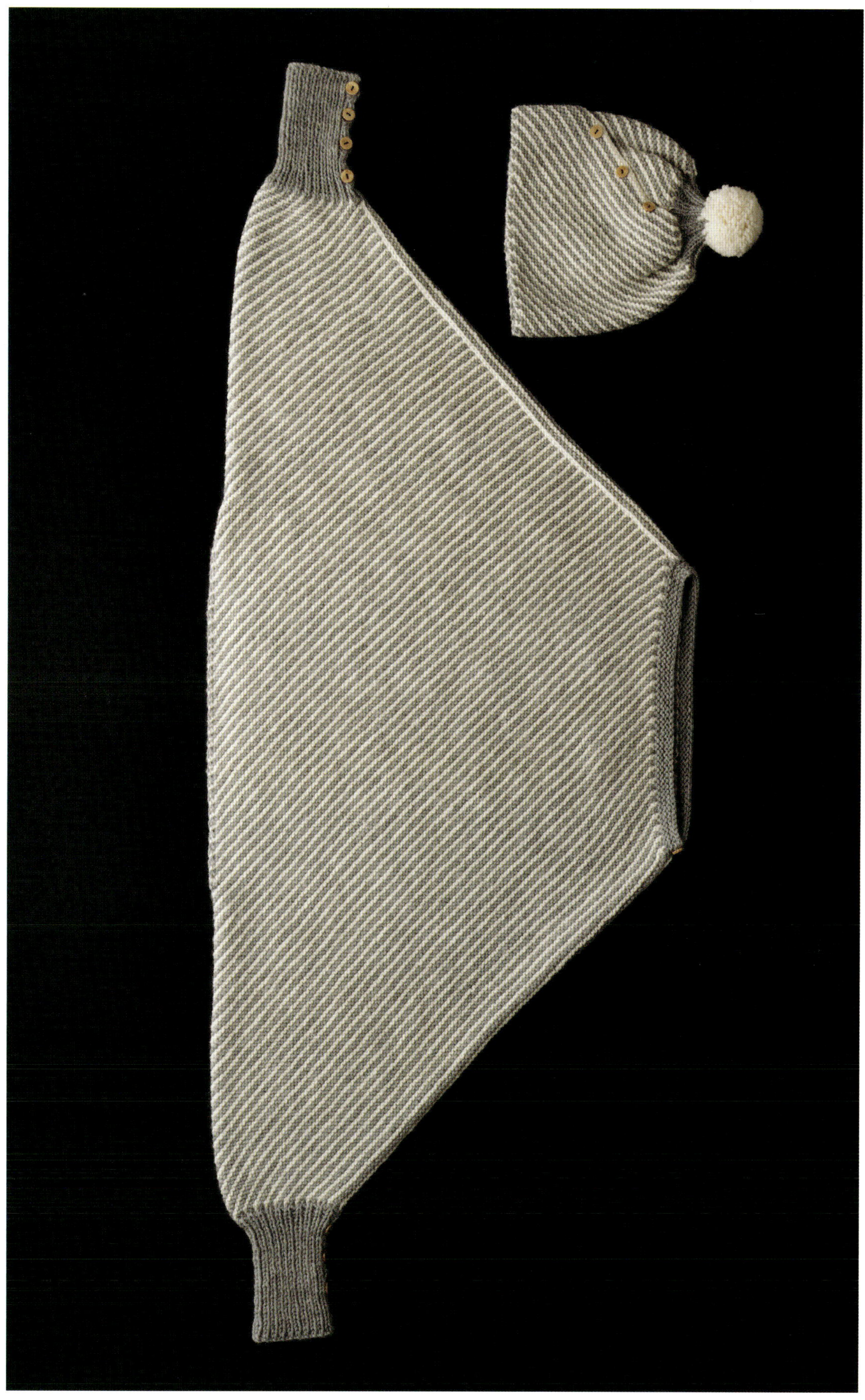

대지를 닮은 스웨터

굵은 붓으로 자유롭게
힘차게 그리듯이,
굽이치는 뜨개코를 즐길 수 있는
스웨터입니다.
배색으로 무늬를
뜰 수도 있지만
랩앤턴으로 뜨면
파도처럼, 지층처럼,
더욱 생명력이 느껴지는 모습으로
완성된답니다.

Yarn : 브리티시 에로이카 → p.77

뜨면서 스모킹 (2 코 고무뜨기일 때) → p12

1 스모킹 위치의 직전까지 뜬다.

2 바늘 끝에서 6번째와 7번째 코 사이에 오른쪽 바늘을 넣는다.

3 겉뜨기를 뜨듯이 실을 걸어서 끌어낸다.

4 계속해서 건너뛰었던 첫째 코 에 바늘을 넣어 겉뜨기를 뜬다.

5 그대로 **3**에서 끌어낸 고리 사 이를 통과시킨다.

6 첫째 코를 빼낸다.

7 남은 5코를 겉뜨기로 뜬다.

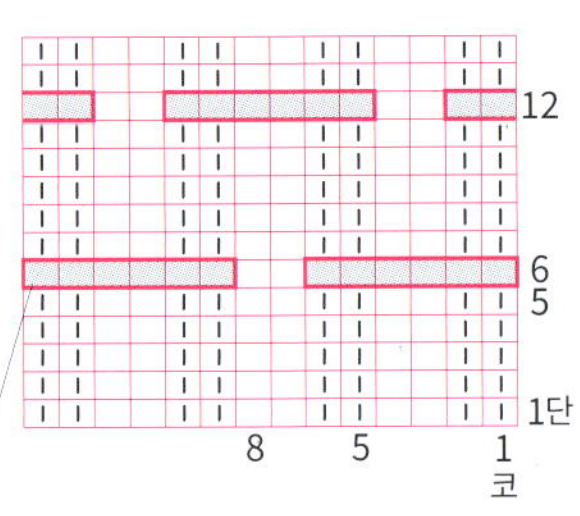

스모킹 위치

□ = – …안뜨기

아가일 무늬의 실 바꾸는 법 → p.10

1 아가일 무늬는 각각의 색에서 실이 나와 있다.

2 색이 바뀌는 코에서는 지금까지 떠 온 실에 아래쪽부터 새로운 실 이 얽히게 한다.

3 새로운 색으로 뜬다.

아가일 무늬

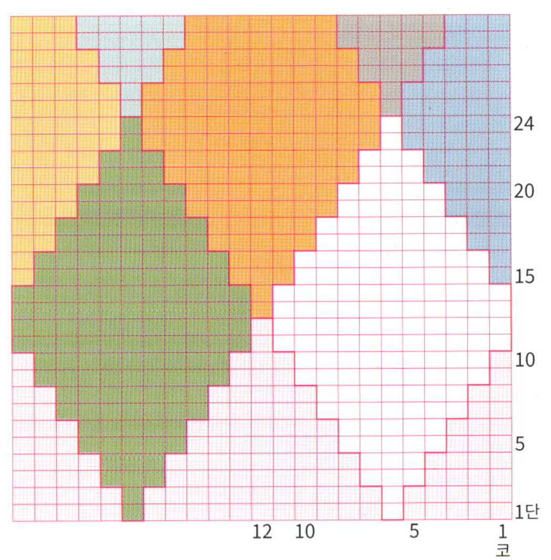

4 다음 색으로 바꿀 때도 아래쪽부터 새로운 실이 얽히게 해서 뜬다.

5 안뜨기일 때도 새로운 실을 아래쪽부터 교차시켜서 뜬다.

1 되돌아뜨기할 부분까지 떴으면 다음 코를 일단 오른쪽 바늘에 옮긴 뒤 뜨개실을 뒤쪽에서 걸치고, 다시 코를 왼쪽 바늘에 옮긴다.

2 뜨개실을 옮긴 코의 아랫부분을 감듯이 해서 뒤쪽으로 돌린다.

3 편물을 뒤집어서 안뜨기를 뜬다.

4 반대쪽에서도 실을 앞쪽으로 두고, 다음 코를 오른쪽 바늘에 옮긴다.

5 실을 뒤쪽으로 돌린다.

6 편물을 다시 뒤집어서 옮긴 코의 아랫부분을 감듯이 해서 실을 뒤쪽으로 두고, 겉뜨기를 뜬다.

7 랩앤턴 완성.

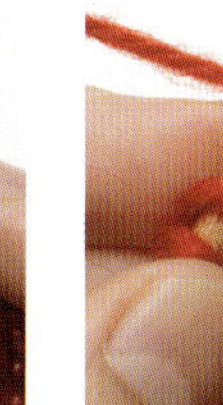
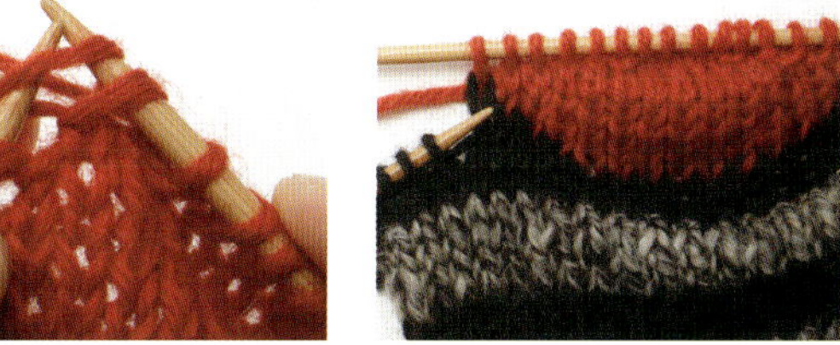

8 단 정리할 때나 겉뜨기할 때는 아랫부분에 감긴 실을 오른쪽 바늘로 주운 뒤 계속해서 바늘에 걸려 있는 코에 바늘을 넣어서 2코를 한꺼번에 뜬다.

9 마주 볼 때 왼쪽이 단 정리를 한 상태

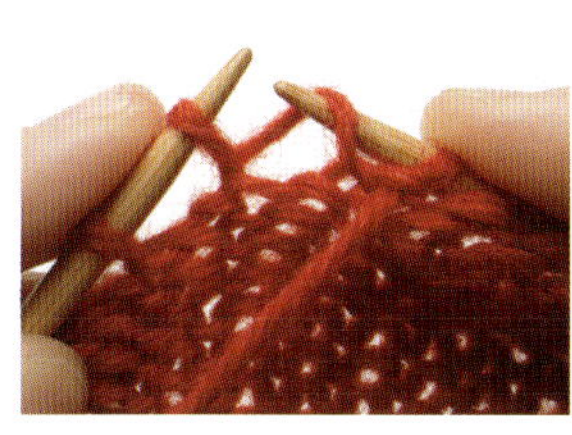

10 안뜨기할 때는 감긴 코를 뒤쪽에서 주워 올려서 왼쪽 바늘에 건다.

11 2코를 한꺼번에 뜬다.

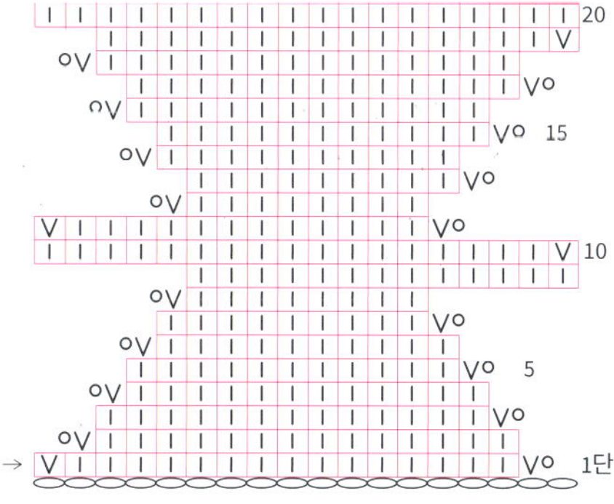

안면에 걸쳐진 실을 감싸며 뜬다 → p.14

1 4코를 뜬 뒤 다음 코에 바늘을 넣은 상태에서 쉬어두었던 실을 바탕실 위에 걸쳐서 뜬다.

2 다음 4코를 뜬 상태에서, 바늘을 다음 코에 넣고 걸쳐진 실을 아래쪽에서 걸어서 뜬다.

3 안면에서도 같은 방법으로 뜨는데, 4코 뜬 뒤 다음 코에 바늘을 넣은 상태에서 걸쳐진 실을 위쪽에서 건다. 겉면과 안면 모두 같은 위치 (3, 4코 간격)에서 한다.

4 바탕실로 안뜨기를 뜬다.

5 다시 3, 4코 뜬 뒤 다음 코에 바늘을 넣은 상태에서 걸쳐진 실을 아래쪽에서 위쪽으로 걸어서 뜬다.

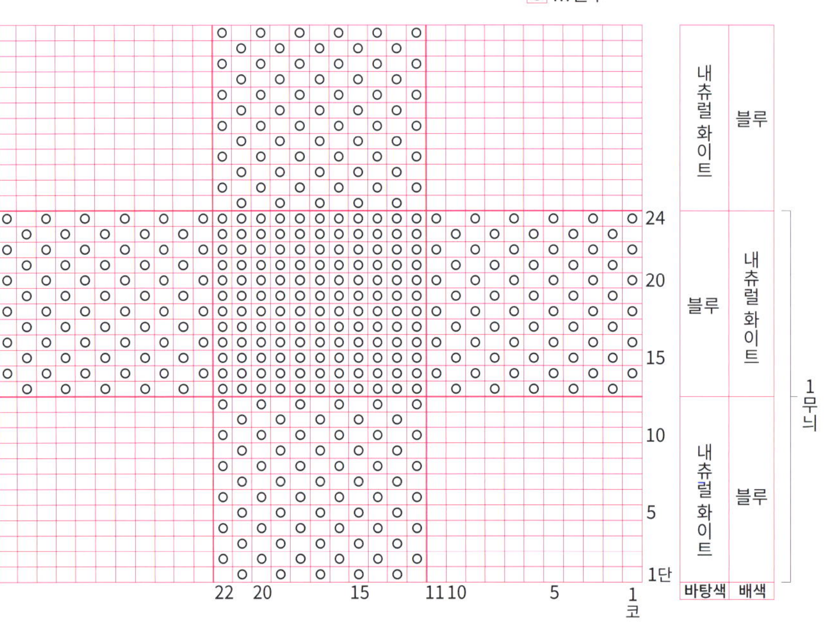

와플뜨기

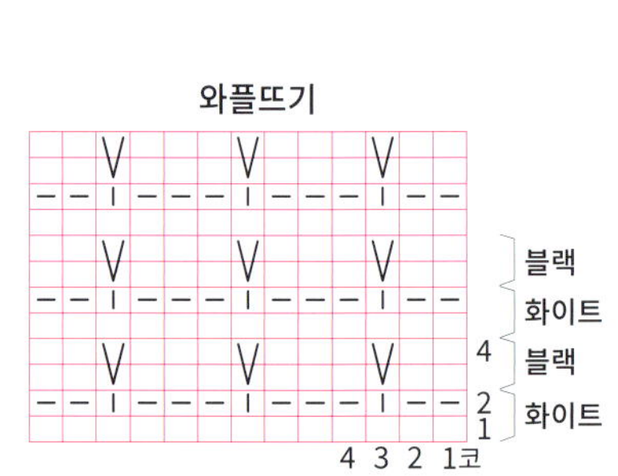

와플뜨기 → p.30

1 첫째 단은 겉면에서 화이트로 겉뜨기 1단 뜬다.

2 둘째 단은 안면에서 화이트로 겉뜨기 3코, 안뜨기 1코 뜬다.

3 셋째 단은 실을 블랙으로 바꿔 겉뜨기 3코, 다음 코는 안뜨기를 뜨듯이 바늘을 넣어서 오른쪽 바늘에 옮긴다(걸러뜨기).

4 넷째 단은 블랙으로 안뜨기 3코를 뜬 뒤 실을 앞쪽으로 두고 다음 코를 오른쪽 바늘에 옮긴다(안면에서 뜰 때는 걸쳐뜨기).

뜨면서 스모킹하는 스웨터 p.12,13

- ★ **실**   셰틀랜드 베이지(7) 360g
- ★ **바늘**   10호, 8호, 6호 대바늘
- ★ **게이지**(10×10cm) 안메리야스뜨기 16.5코×25단
- ★ **사이즈** 가슴둘레 100cm, 옷길이(뒤목둘레부터) 57cm, 소매길이 55.5cm

✚ 뜨개 포인트

손가락에 실을 걸어 만드는 시작코로 뜨개를 시작한다.
몸판, 소매 모두 가터뜨기를 한 뒤 안메리야스뜨기로 각각 뜬다.
뜨기 끝부분은 코를 쉬어둔다.
뒤 몸판 – 왼쪽 소매 – 앞 몸판 – 오른쪽 소매 순으로 쉬어두었던 코를 이어서 주운 뒤 원통형으로 만들어 요크의 무늬뜨기를 뜬다.
무늬뜨기 뜨는 법은 p.38을 참조한다.
무늬뜨기는 중간에 줄임코를 하고,
마지막은 코 나름대로(겉뜨기에는 겉뜨기, 안뜨기에는 안뜨기의 덮어씌워 코막음) 덮어씌워 코막음을 한다.
몸판과 소매를 꿰맨 뒤 소맷단, 옆선을 꿰매고 진동둘레 아래쪽을 잇는다.

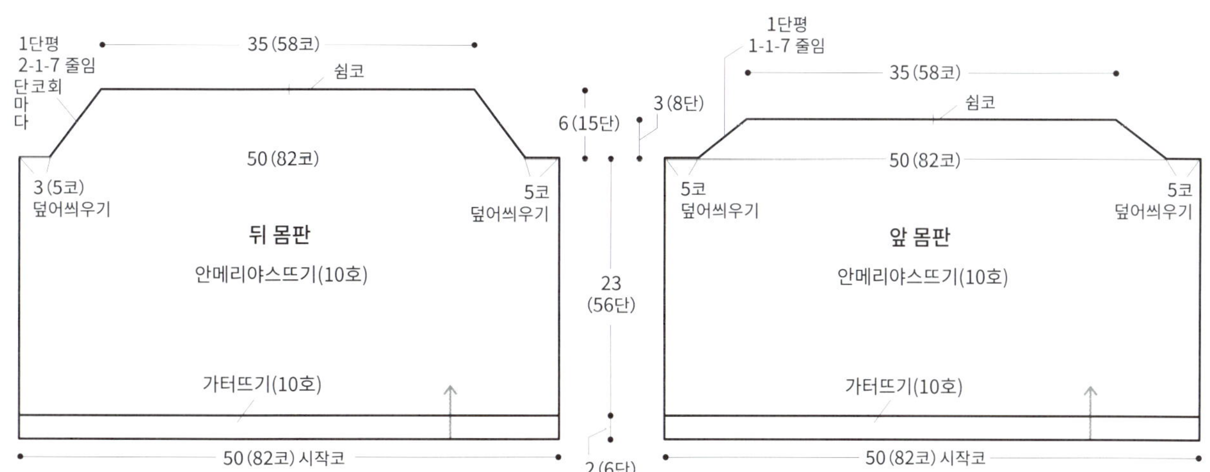

2단평
2-1-7줄임
7 (18단)
22 (37코)
쉼코
1단평
1-1-7줄임
4 (10단)
36 (61코)
3 (5코)
덮어씌우기
5코 그대로
2-4-2
2-5-1
2-19-1
되돌아뜨기
5코
덮어씌우기
오른쪽 소매
안메리야스뜨기 (10호)
30
(76단)
가터뜨기 (10호)
2 (6단)
36 (61코) 시작코
★왼쪽 소매는 대칭으로 뜬다.
114코
28단
(6호)
26
(64단)
요크
무늬뜨기
(중간 줄임코)
18단
(8호)
18단
(10호)
총 190코 (19무늬)
왼쪽
소매에서
37코 줍기
앞 몸판에서
58코 줍기
오른쪽
소매에서
37코 줍기
뒤 몸판에서 58코 줍기
뜨기 시작
중간 줄임코 방법은 뜨개도안 참조

소매산의 되돌아뜨기

= − … 안뜨기
왼쪽 소매산
단 정리
→18
°V … 걸러뜨기와 걸기코
←15
→10
19코
←5
→2
←1단
→76
61 60   55   50   35   30   25   20   15   10   5   1
코

오른쪽 소매산
18
10 (단 정리)
V° ←17
15
V° ←15
V° ←
10
V° ←
19코
→8
←5
→2
←1단
→76
61 60   55   50   45   40   35   30   12 10   5   1
코

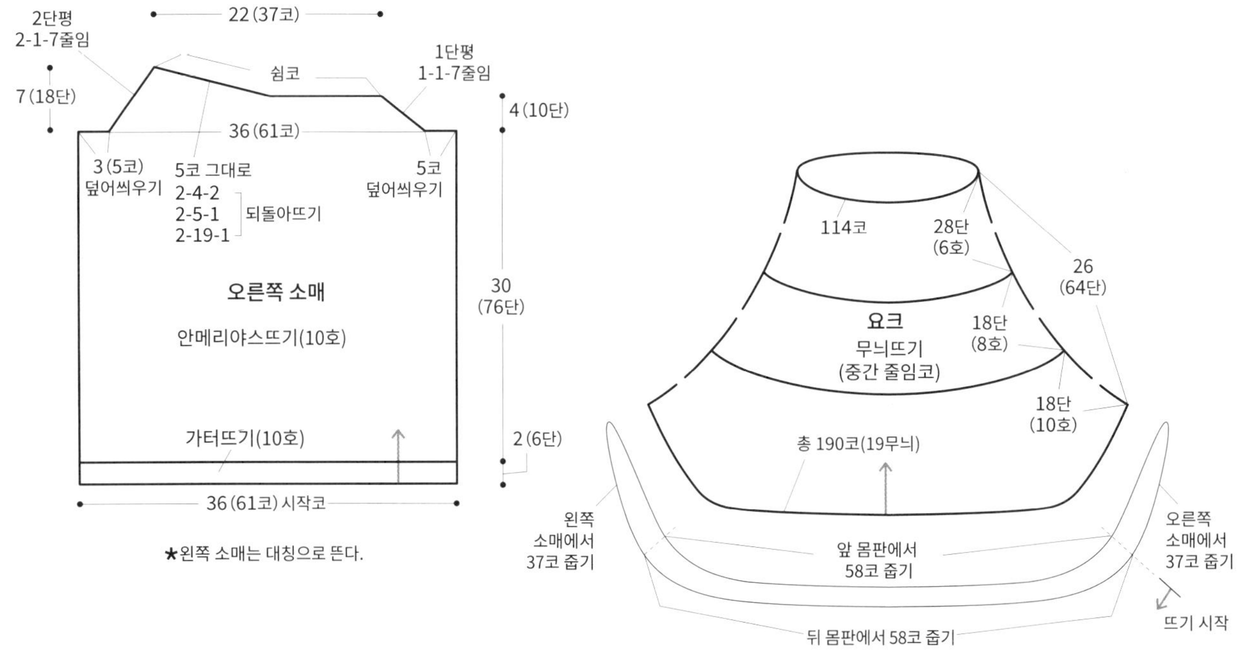

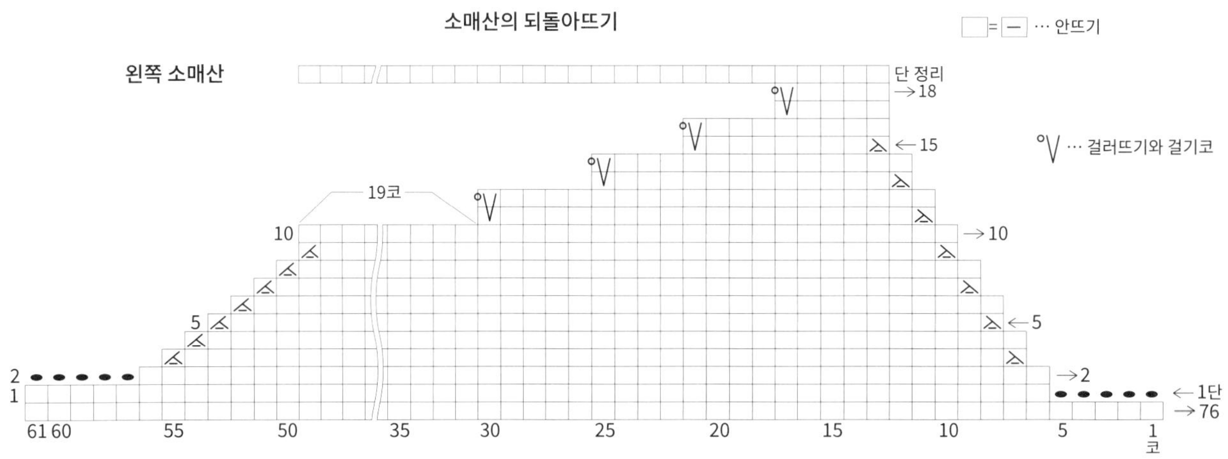

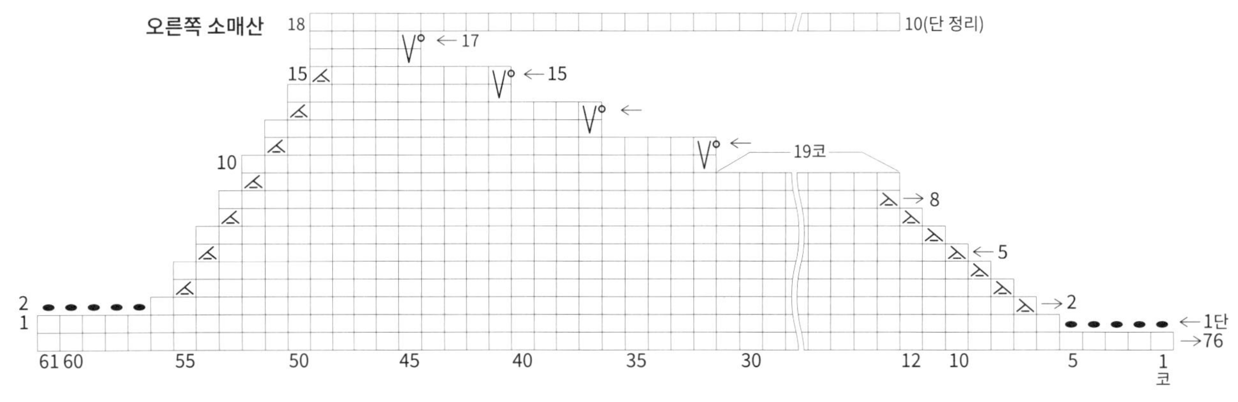

무늬뜨기와 중간 줄임코

= ┗╵ ╵ ┗ … p. 38의 뜨는 법 참조
= ─ … 안뜨기
64
60
55
50
45
40
35
30
25
20
15
10
5
←2
←1단
12단 1무늬(60단까지)
10
5
1코 190
10코 1무늬
뜨기 시작 ←

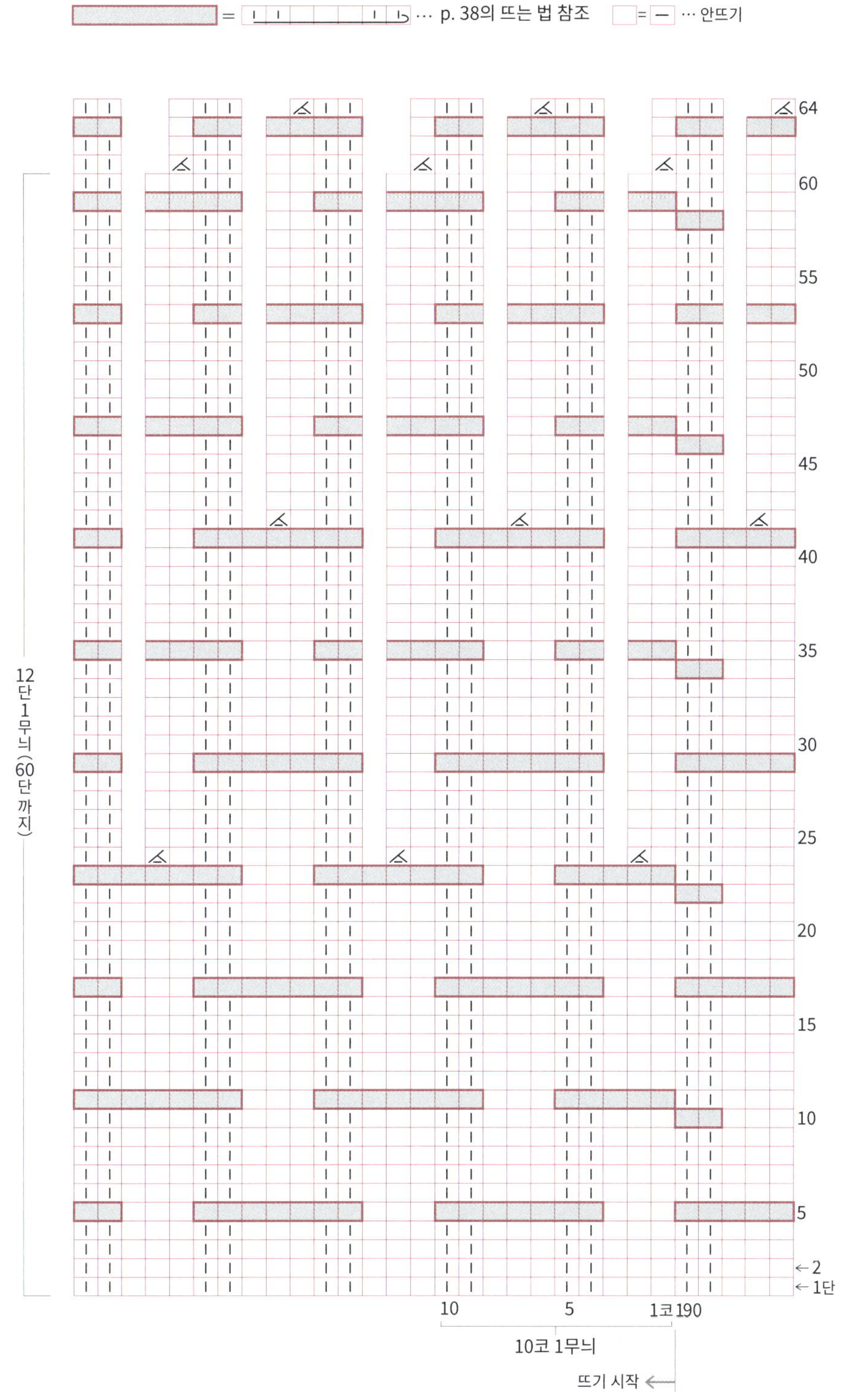

메리야스뜨기 마니아를 위한 스웨터 p.8 , 9

- **★실** 퀸 애니 베이지(812) 490g
- **★바늘** 7호 대바늘, 6호 줄바늘
- **★게이지**(10×10cm) 메리야스뜨기 18코×23.5단, 2코 고무뜨기 18코×27.5단
- **★사이즈** 가슴둘레 92cm, 옷길이 53.5cm, 소매길이 71cm

✦ 뜨개 포인트

손가락에 실을 걸어 만드는 시작코로 뜨개를 시작한다.

밑단의 가터뜨기를 한 뒤, 옆선에서부터 16코 안쪽에서 늘림코, 몸판 중앙에서 2코 세워 줄임코를 하여 뜬다.

앞뒤 몸판과 소매를 뜨고 나면 뜨기 끝부분에 쉬어둔 코를 주워 원통형으로 만든 뒤

2코 고무뜨기로 요크를 뜬다.

뜨기 끝부분은 코 나름대로(겉뜨기에는 겉뜨기, 안뜨기에는 안뜨기의 덮어씌워 코막음) 덮어씌워 코막음을 한다.

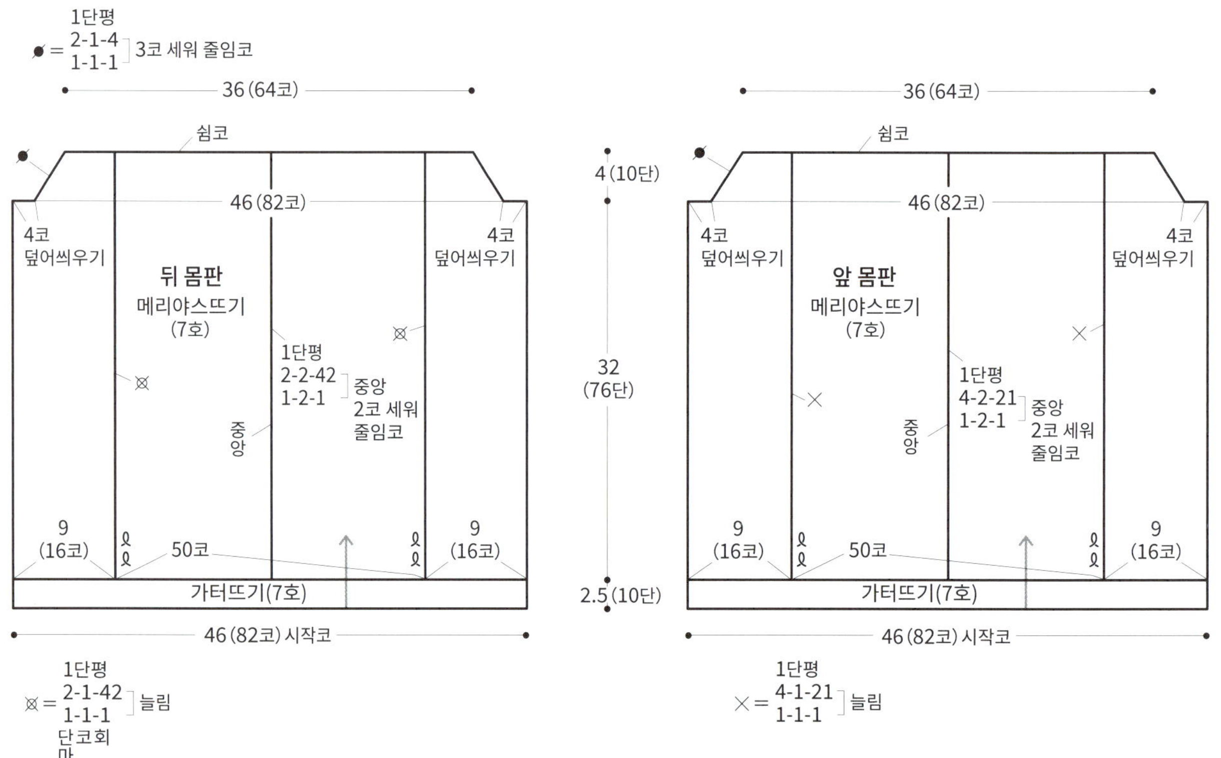

중앙 2코 세워 줄임코 하는 법

26(44코)
쉼코
∅
34(62코)
4코
덮어씌우기
4코
덮어씌우기
34(62코)
소매
메리야스뜨기
(7호)
14-1-4
13-1-1
단 코 회
마
다
2코 세워 줄임코
가터뜨기(7호)
40(72코) 시작코
4(10단)
15
(35단)
29
(69단)
5(20단)
요크·목둘레
2코 고무뜨기(6호 줄바늘)
88코
코 나름대로 덮어씌워 코막음
24단평
목둘레
9
(24단)
15
(42단)
12코
32코
요크
2-2-6
3-2-10
중앙 2코 세워 줄임코
216코 줍기
소매 44코
앞 몸판 64코
소매 44코
뒤 몸판 64코
앞뒤 몸판과 소매를 이어서 코줍기한다.
각 부분의 가장자리 코는 겉뜨기

∅ = 2-1-5 줄임

마무리

꿰매기
진동둘레 아래쪽의 덮어씌우기는 잇는다
꿰매기

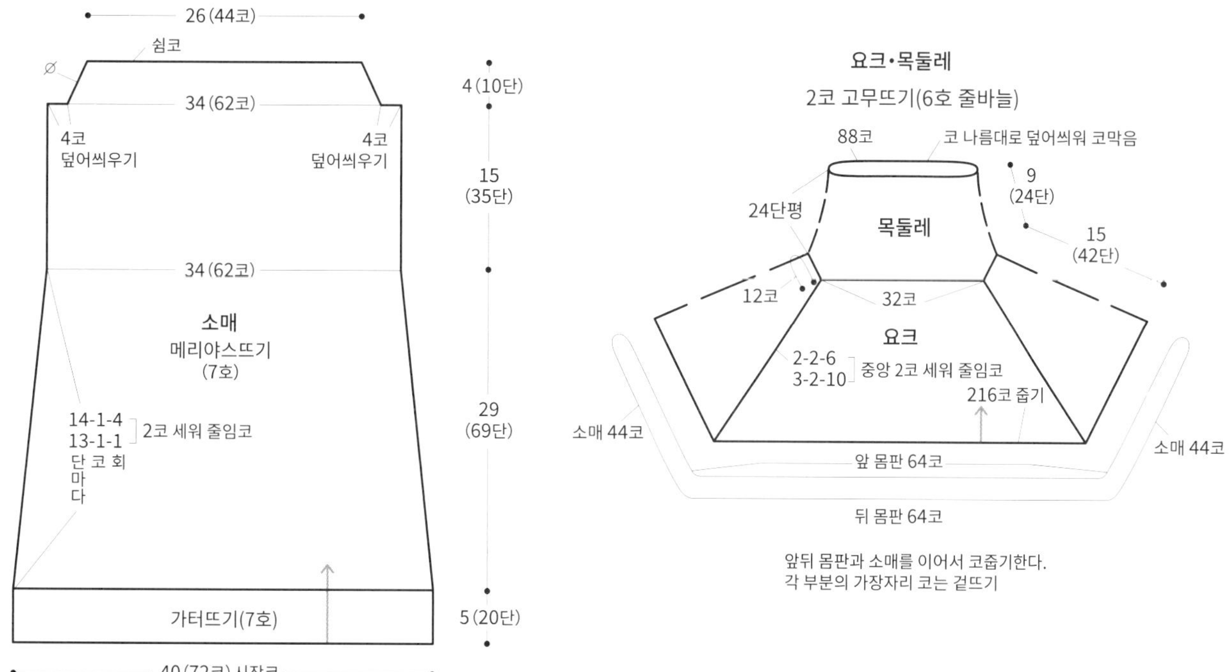

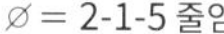

아가일 스웨터와 소녀 베스트 p.10, 11

어른용

- ★ **실**　셰틀랜드 네이비 블루(20) 340g, 배색실은 아래 별도 표 참조
- ★ **부재료**　지름 2.5cm 단추 2개
- ★ **바늘**　7호, 6호 대바늘, 7/0호 코바늘
- ★ **게이지**(10×10cm, 7호 대바늘 사용)　배색무늬뜨기 19코×27단, 메리야스뜨기 20코×25단
- ★ **사이즈**　가슴둘레 100cm, 옷길이 60.5cm, 소매길이 76cm

여아용(신장 120~140cm)

- ★ **실**　셰틀랜드 네이비 블루(20) 120g, 배색실은 아래 별도 표 참조
- ★ **바늘**　7호, 6호 대바늘
- ★ **게이지**(10×10cm, 7호 대바늘 사용)　배색무늬뜨기 19코×27단, 메리야스뜨기 20코×25단
- ★ **사이즈**　가슴둘레 86cm, 옷길이 46.5cm

✚ 뜨개 포인트

아가일 무늬는 어른용, 여아용 모두 같은 콧수, 단수, 배색이다.
아가일 무늬의 실 바꾸는 법은 p.38을 참조한다.
오른쪽 소매부터 뜨기 시작해서 앞뒤 몸판, 왼쪽 소매 순으로 뜬다.
중간에 목둘레 위치에서 좌우로 나눠서 뜬다.
어른용의 경우, 뜨기 시작 부분의 시작코는 손가락에 실을 걸어 만드는 방법으로 만든다.
중간의 시작코는 감아코로 코 늘리기 방법으로 만든다. 뜨기 끝부분은 덮어씌워 코막음을 한다.
여아용의 경우, 뜨기 시작 부분의 시작코는 별도의 실로 만드는 방법으로 만든다. 중간의 시작코는
감아코로 코 늘리기 방법으로 만든다. 소맷부리의 삼각 모티브는 1장씩 몸판에서 코줍기를 해서 뜬다.

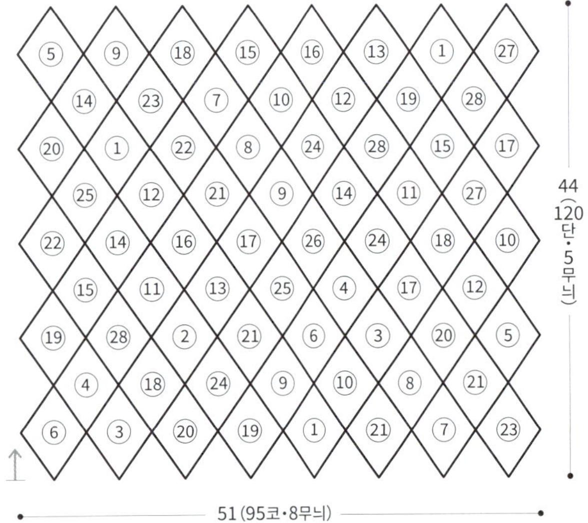

배색무늬뜨기의 배색(공통)

44 (120단·5무늬)

51 (95코·8무늬)

색상	색번호	기호	분량	색상	색번호	기호	분량
라이트 퍼플	34	①	7g	다크 퍼플	53	⑮	7g
베이지	7	②	3g	그린	14	⑯	5g
옐로	39	③	5g	모스그린	11	⑰	7g
골든 옐로	54	④	5g	프레시 그린	47	⑱	7g
오렌지	43	⑤	5g	라이트 그린	48	⑲	7g
버밀리언	25	⑥	5g	카키	3	⑳	7g
다크 레드	23	⑦	5g	레디시 브라운	22	㉑	9g
오페라 핑크	55	⑧	5g	브라운	5	㉒	5g
딥 핑크	28	⑨	7g	버건디	56	㉓	5g
페일 핑크	37	⑩	7g	그레이프	41	㉔	7g
페일 블루	9	⑪	5g	네이비 블루	20	㉕	5g
라이트 블루	17	⑫	7g	그레이	30	㉖	3g
터쿼이즈 블루	52	⑬	5g	차콜 그레이	31	㉗	5g
블루	16	⑭	7g	블랙	32	㉘	7g

배색무늬뜨기의 도안(메리야스뜨기·공통)

□ 아가일의 색상은 별도 그림 참조

▨ ··· 바탕실

★ 바탕실에 배색을 떠 넣는 부분(1~12단째와 109~120단째)은 바탕실만 안면에 걸쳐서 뜬다 (p.40 참조).

어른용

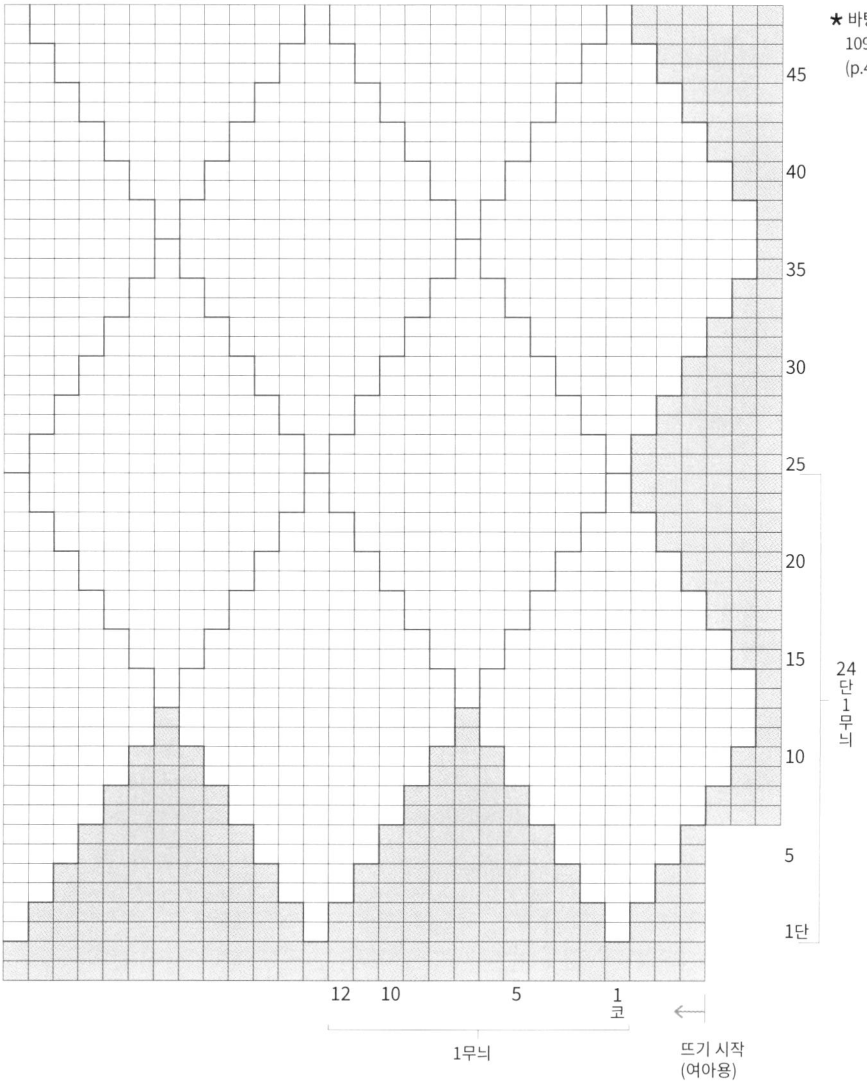

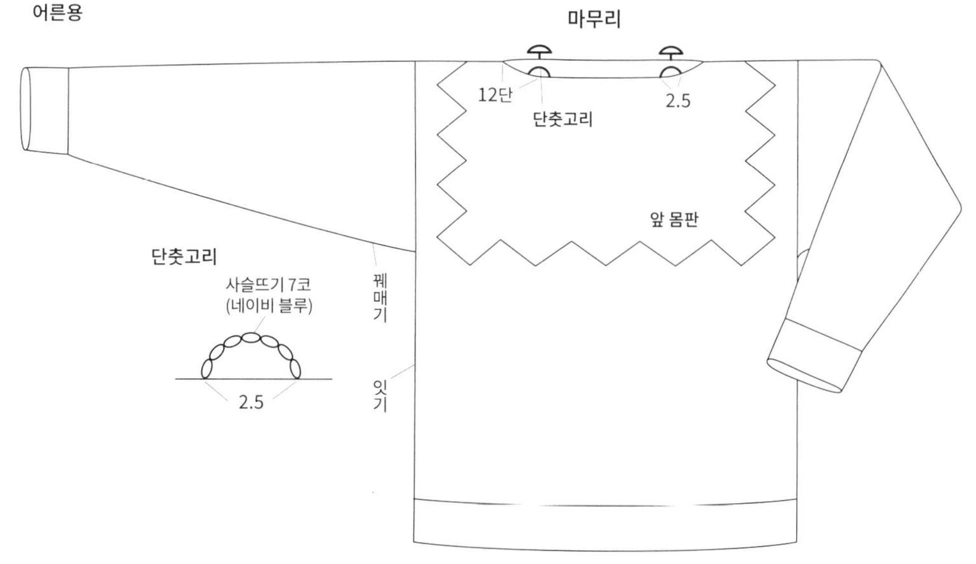

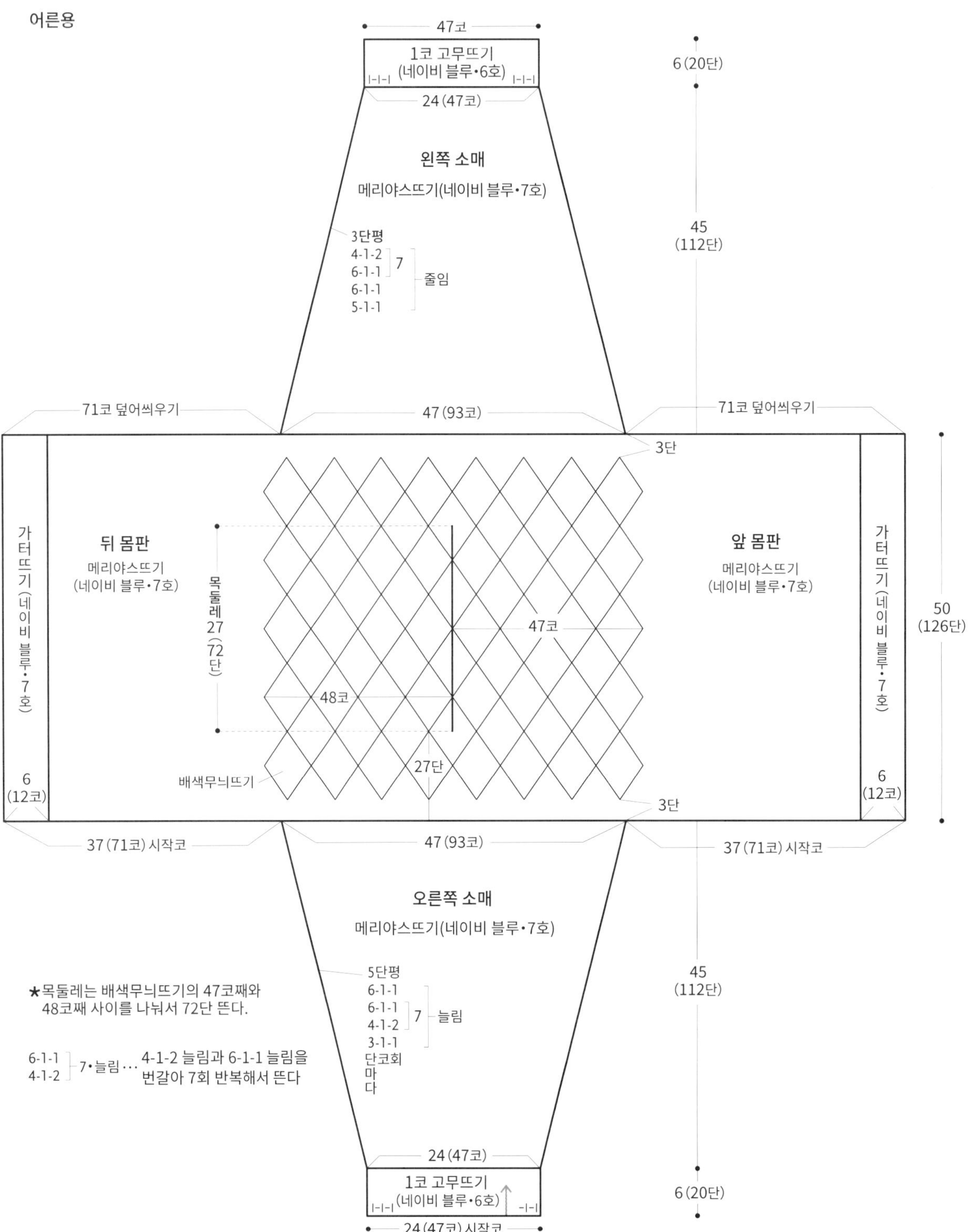
47코
1코 고무뜨기
(네이비 블루·6호)
I-I-I   I-I-I
24 (47코)
6 (20단)
왼쪽 소매
메리야스뜨기(네이비 블루·7호)
3단평
4-1-2
6-1-1
6-1-1   7 줄임
5-1-1
45
(112단)
71코 덮어씌우기
47 (93코)
71코 덮어씌우기
3단
가터뜨기(네이비 블루·7호)
뒤 몸판
메리야스뜨기
(네이비 블루·7호)
목둘레 27 (72단)
앞 몸판
메리야스뜨기
(네이비 블루·7호)
가터뜨기(네이비 블루·7호)
50
(126단)
47코
48코
배색무늬뜨기
27단
3단
6 (12코)
6 (12코)
37 (71코) 시작코
47 (93코)
37 (71코) 시작코
오른쪽 소매
메리야스뜨기(네이비 블루·7호)
5단평
6-1-1
6-1-1
4-1-2   7 늘림
3-1-1
단코회마다
45
(112단)
★목둘레는 배색무늬뜨기의 47코째와
48코째 사이를 나눠서 72단 뜬다.
6-1-1
4-1-2   7·늘림 … 4-1-2 늘림과 6-1-1 늘림을
번갈아 7회 반복해서 뜬다
24 (47코)
1코 고무뜨기
(네이비 블루·6호)
I-I-I   I-I-I
24 (47코) 시작코
6 (20단)

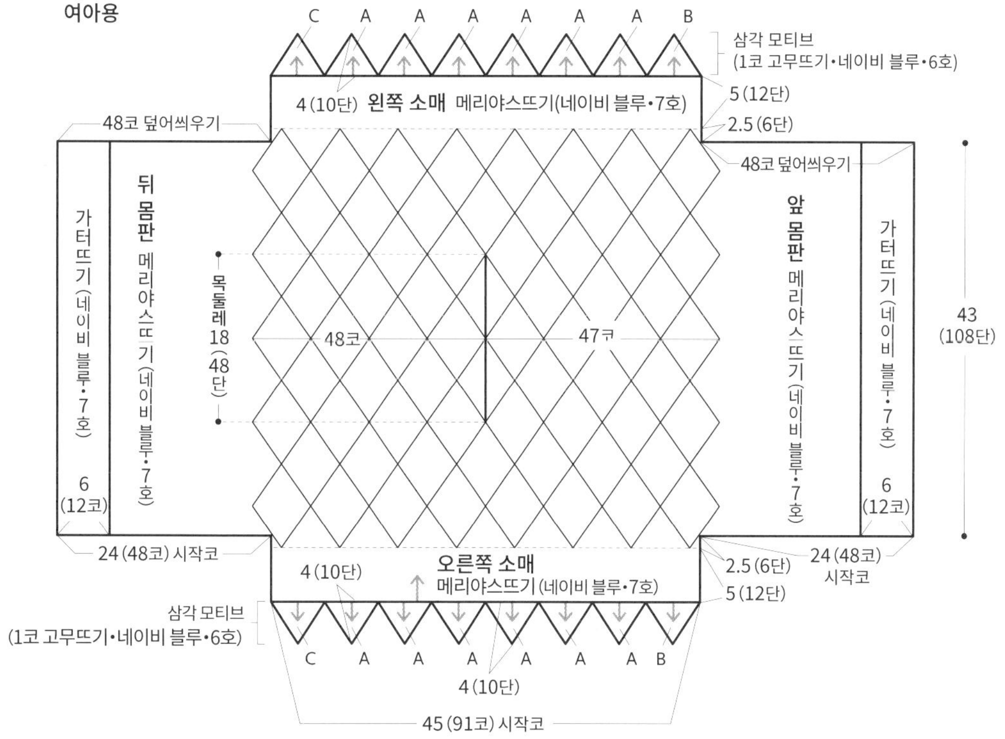

목둘레는 배색무늬뜨기의 47코째와 48코째 사이를 나눠서 48단 뜬다

소맷부리의 삼각 모티브

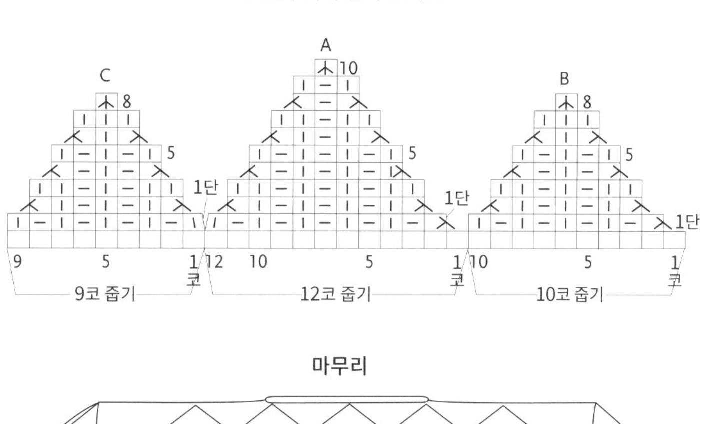

마무리

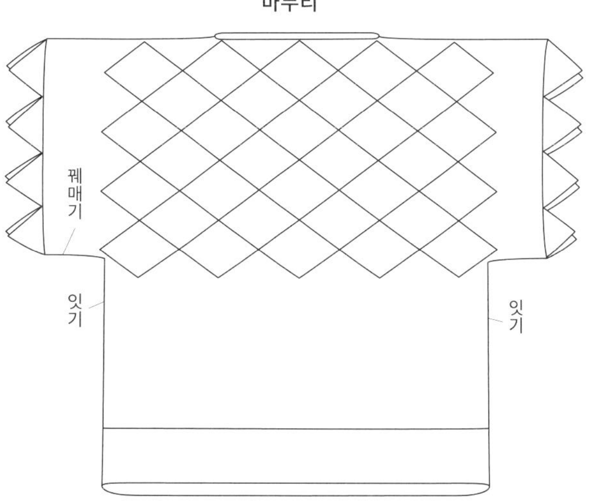

영원한 깅엄체크 스웨터 p.14, 15

★**실**　　셰틀랜드 블루(52) 300g, 내츄럴 화이트(08) 230g
★**바늘**　　7호, 6호 대바늘
★**게이지**(10×10cm)　배색무늬뜨기 23코×24단
★**사이즈**　가슴둘레 96cm, 옷길이 57cm, 소매길이 72.5cm

✚ 뜨개 포인트

손가락에 실을 걸어 만드는 시작코로 뜨개를 시작한다.
1코 고무뜨기는 6호, 배색무늬뜨기는 7호 대바늘을 사용한다.
배색무늬뜨기는 안면에 걸쳐진 실이 길어지는 부분이 있는데,
그 경우에는 p.40의 방법으로 안면에 걸쳐진 실을 감싸며 뜨도록 한다.
목둘레는 1코 고무뜨기를 한 뒤 코 나름대로 덮어씌워 코막음
(겉뜨기에는 겉뜨기, 안뜨기에는 안뜨기의 덮어씌워 코막음)을 한다.
소매 달기는 무늬를 맞춰 코와 단 잇기를 한다.

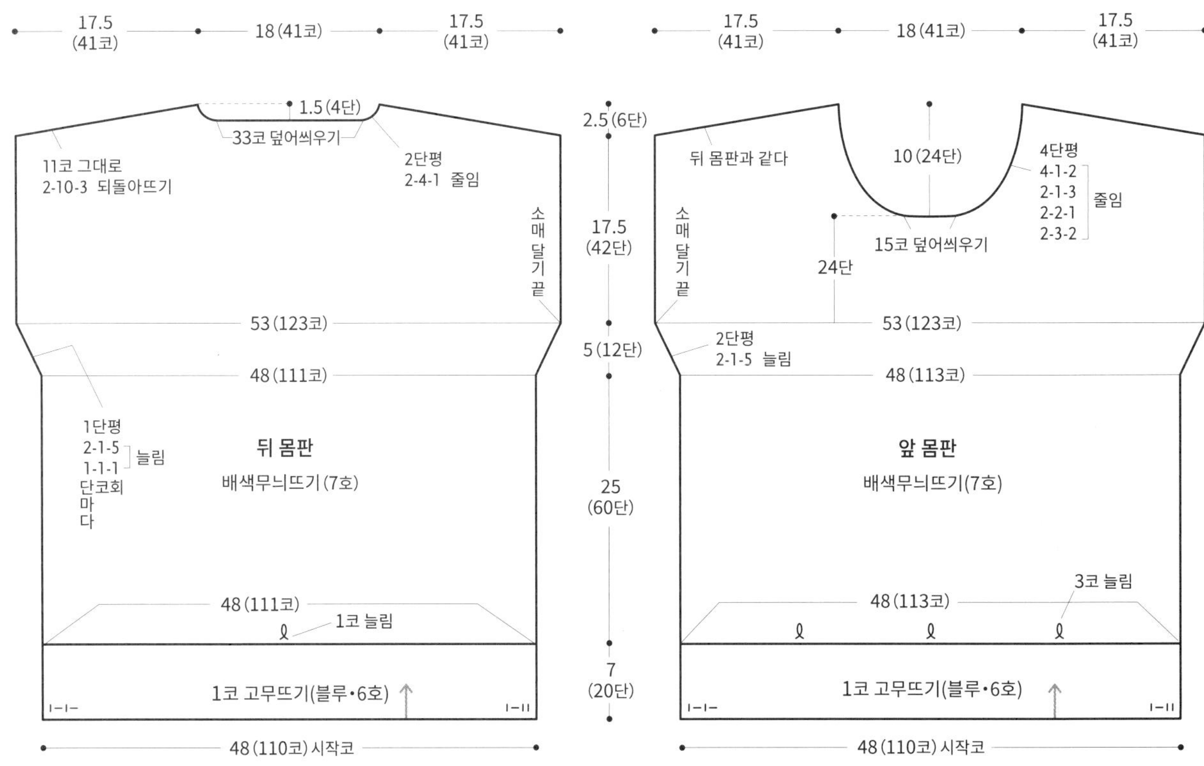

목둘레의 코줍기

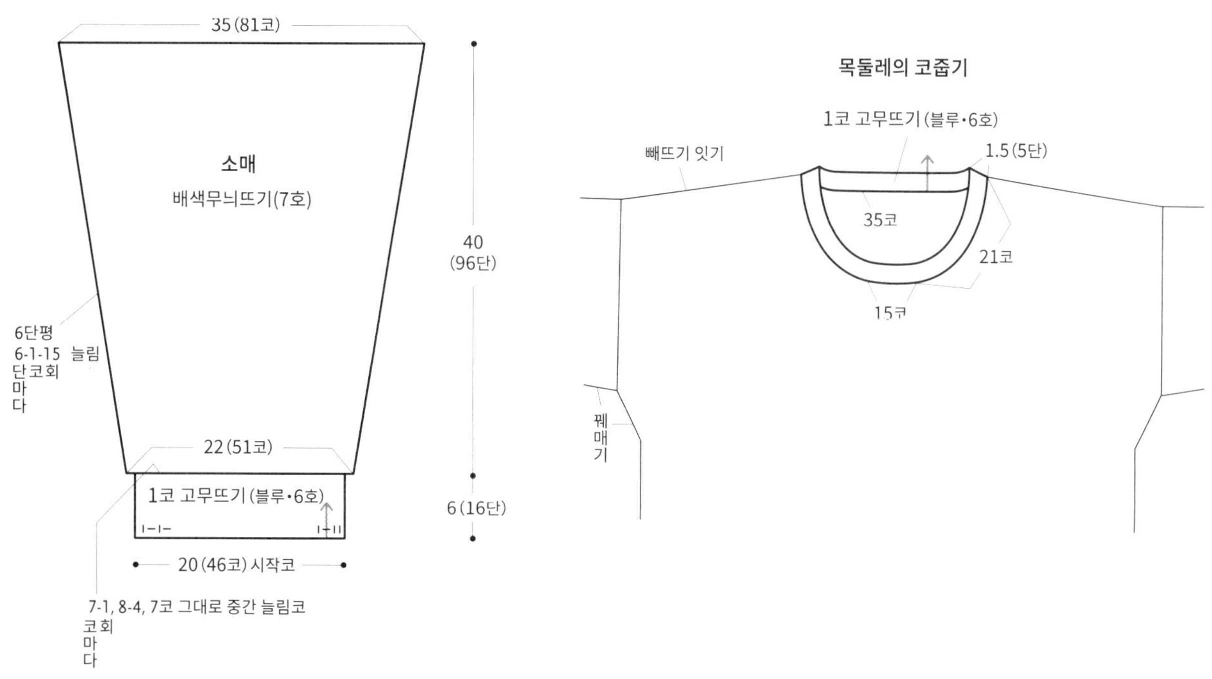

배색무늬뜨기의 도안(메리야스뜨기)

□ …내츄럴 화이트
○ …블루
V …안면에 걸쳐진 실을 감싸며 뜨는 위치
(가지런히 뜨면 깔끔하게 마무리할 수 있다)

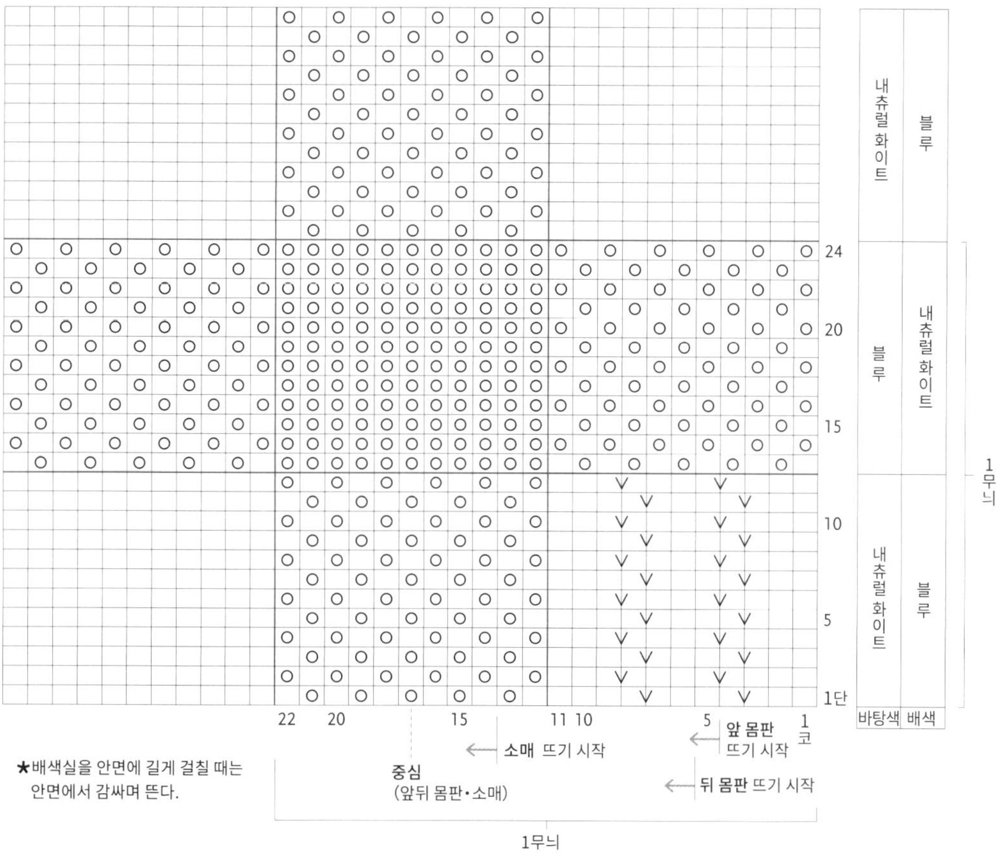

★배색실을 안면에 길게 걸칠 때는
안면에서 감싸며 뜬다.

철학자 스웨터　　　p.16 , 17

★**실**　　퀸 애니 블랙(803) 590g
★**바늘**　　7호 대바늘, 6/0호 코바늘
★**게이지**(10×10cm)　18코×23.5단
★**사이즈**　가슴둘레 136cm, 옷길이 56cm, 소매길이 78cm

✚ **뜨개 포인트**

손가락에 실을 걸어서 만드는 시작코로 뜨개를 시작한다.
어깨는 메리야스 잇기를 한다.
소매와 진동둘레는 코바늘의 짧은뜨기와 사슬뜨기로 떠서
연결한다. 목둘레는 뜨개질하고 덮어씌운 상태 그대로 마무리한다.

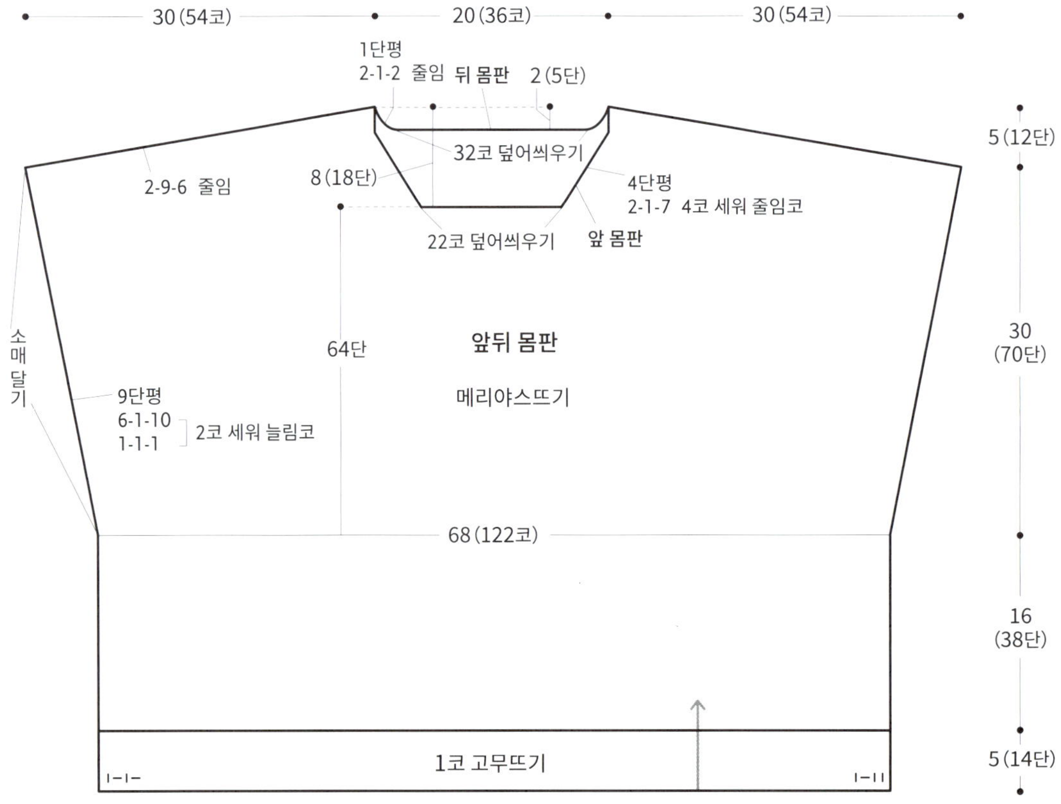

60(108코)
덮어씌우기
소매 메리야스뜨기
16
(38단)
2-1-16
2코 세워 늘림코
2-2-16
중앙2코 세워 늘림코
14
(32단)
22코
1코 고무뜨기
22코
8(22단)
이어서 뜬다
24(44코) 시작코

소매 다는 방법

소매 쪽의 코줍기
소매
2코마다 1회
1코마다 1회
번갈아 32회
2코마다 3회
1
2코마다 3회
소매 달기
소매 달기
2단마다 70회 줍기
어깨
몸판

마무리

목둘레는 처리하지 않는다
메리야스 잇기
소매
소매 달기의
코바늘뜨기
소맷단 꿰매기
옆선 꿰매기

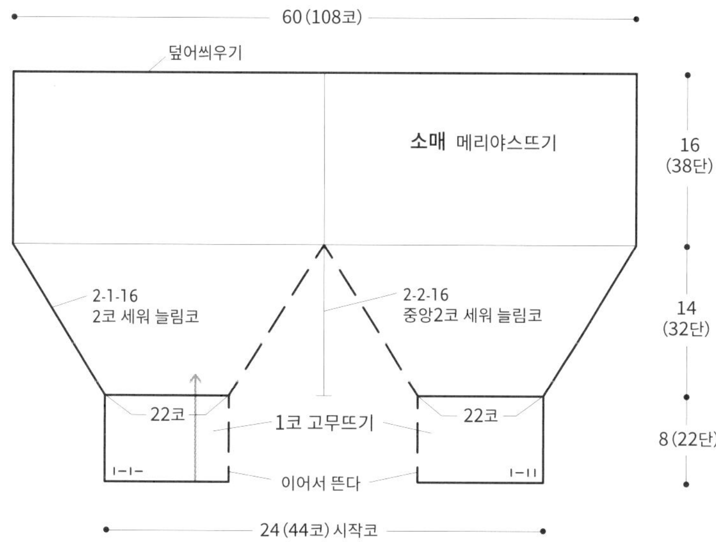

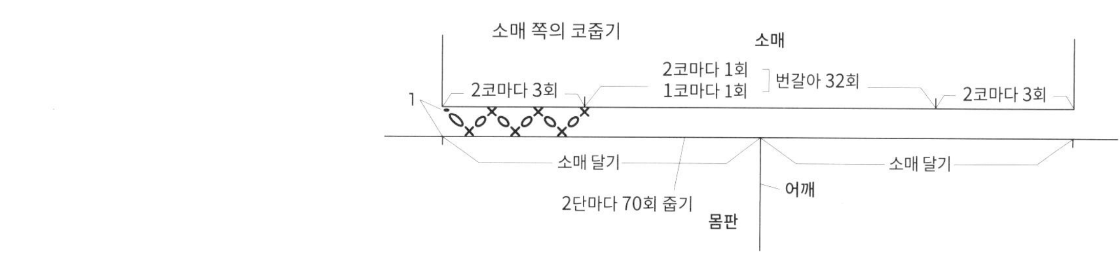

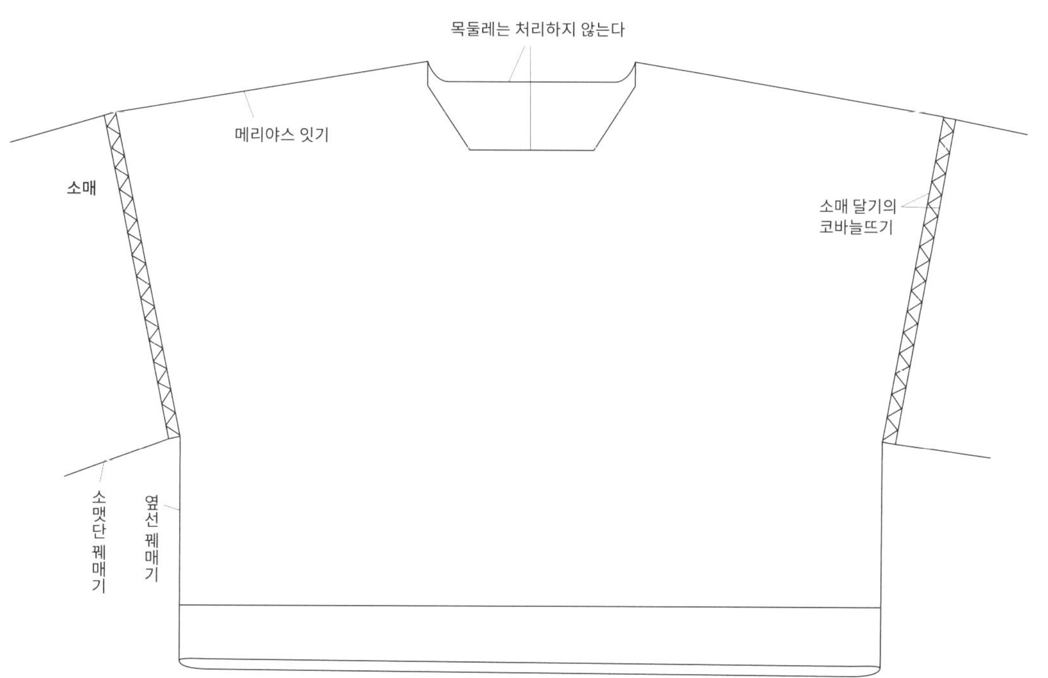

발뒤꿈치 스웨터와 양말 p.18, 19

★ **실** [스웨터] 알베로 블랙&화이트 계열(8667) 300g, 미니 스포츠 블랙(432) 130g, 레드(638) 20g
　　　　 [양말] 　알베로 블랙&화이트 계열 50g, 미니 스포츠 블랙 60g, 레드 20g
★ **바늘** [스웨터] 7호 대바늘, 7/0호 코바늘 [양말] 6호 대바늘
★ **게이지**(10×10cm) [스웨터] 메리야스뜨기로 알베로는 14코×20단, 줄무늬는 14코×21단 [양말] 17코×26단
★ **사이즈** [스웨터] 가슴둘레 96cm, 옷길이 64.5cm, 소매길이 70cm [양말] 바닥 길이 22cm

✚ 뜨개 포인트

손가락에 실을 걸어 만드는 시작코로 뜨개를 시작한다.
몸판은 앞 몸판 밑단에서 시작코를 만든 뒤, 앞 몸판을 뜨고 나면 목둘레 트임 부분에 빼내는 실을 넣어서 떠 두고,
계속해서 뒤 몸판의 밑단까지 뜬다.
소매는 몸판에서 코줍기를 해서 뜨고, 중간에 팔꿈치 부분에 되돌아뜨기(랩앤턴 방법. p.39 참조)를 넣어서 뜬다.
목둘레는 빼내는 실을 풀고 빼뜨기로 고정한다.
양말은 발가락 부분에서부터 뜬다.
별도의 실을 사용해서 시작코를 만들어 랩앤턴 방법으로 뜬 뒤 시작코를 풀어서 코를 줍고 원통형으로 만들어
발뒤꿈치까지 뜬다.
랩앤턴으로 발뒤꿈치를 뜬 뒤 다시 원통형으로 만들어 양말 입구까지 뜬다.
휘감아 코막음을 해서 마무리한다.

★스웨터

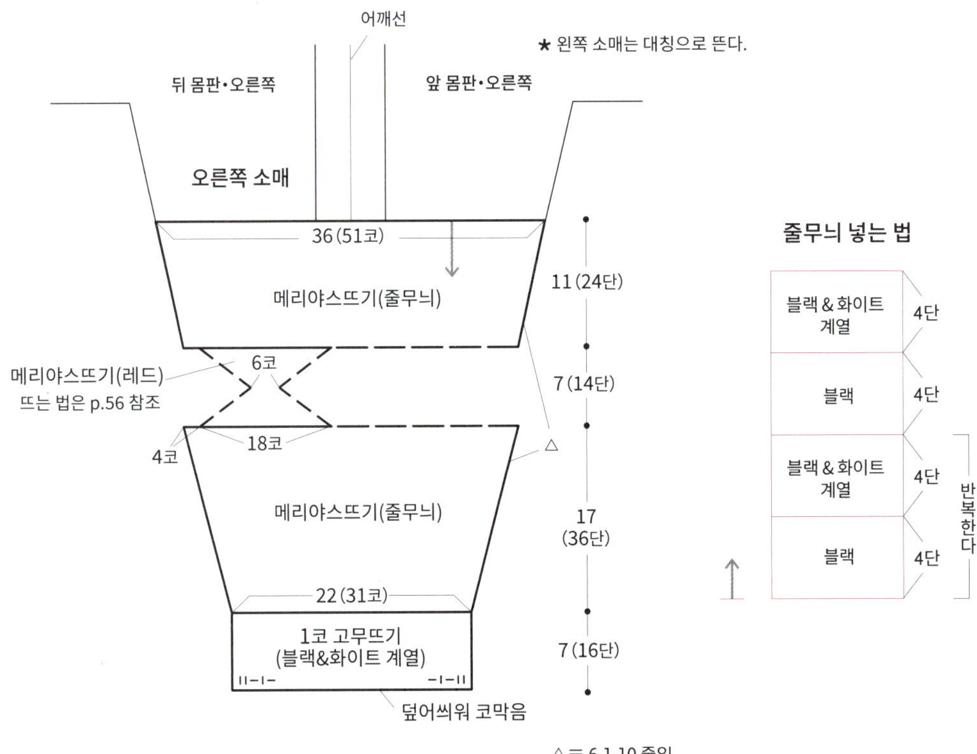

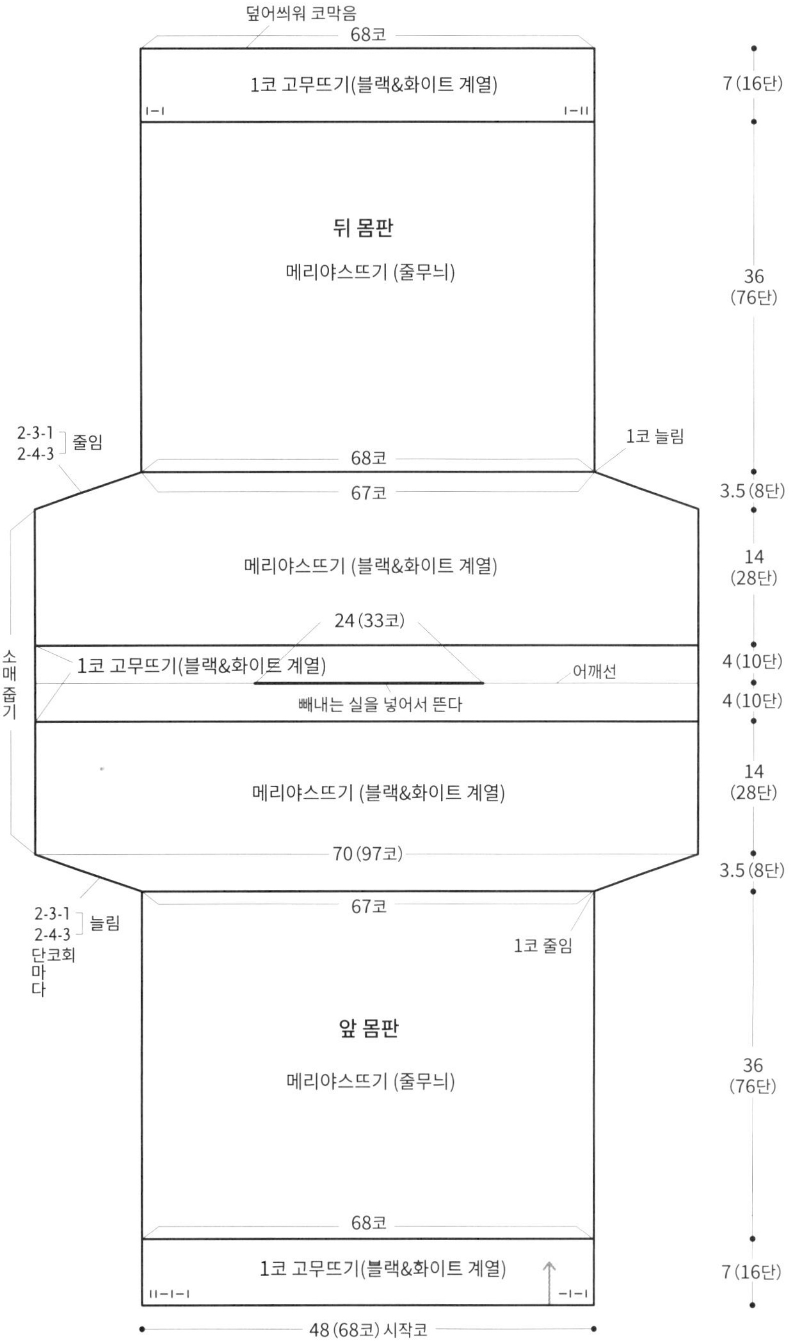

덮어씌워 코막음
68코
1코 고무뜨기(블랙&화이트 계열)
7(16단)
뒤 몸판
메리야스뜨기 (줄무늬)
36
(76단)
2-3-1
2-4-3
줄임
1코 늘림
68코
67코
3.5(8단)
메리야스뜨기 (블랙&화이트 계열)
14
(28단)
24(33코)
소매 줍기
1코 고무뜨기(블랙&화이트 계열)
4(10단)
어깨선
빼내는 실을 넣어서 뜬다
4(10단)
메리야스뜨기 (블랙&화이트 계열)
14
(28단)
70(97코)
3.5(8단)
67코
2-3-1
2-4-3
늘림
단코회
마
다
1코 줄임
앞 몸판
메리야스뜨기 (줄무늬)
36
(76단)
68코
1코 고무뜨기(블랙&화이트 계열)
7(16단)
48(68코) 시작코

목둘레의 마무리

빼내는 실을 풀면서 코바늘로 빼뜨기

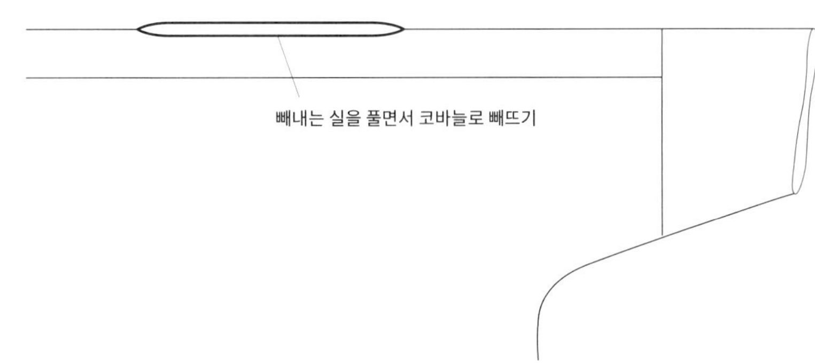

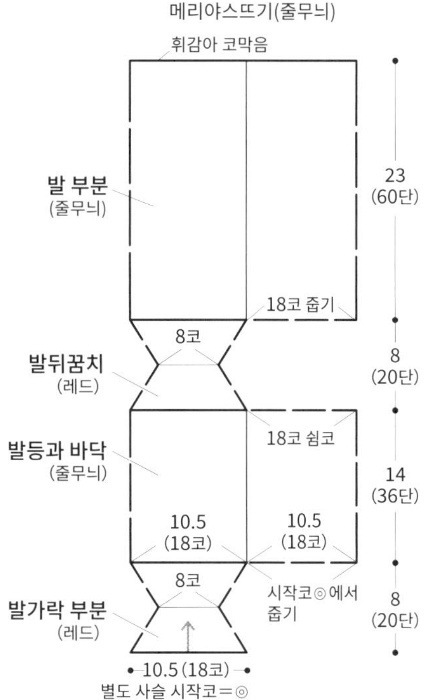

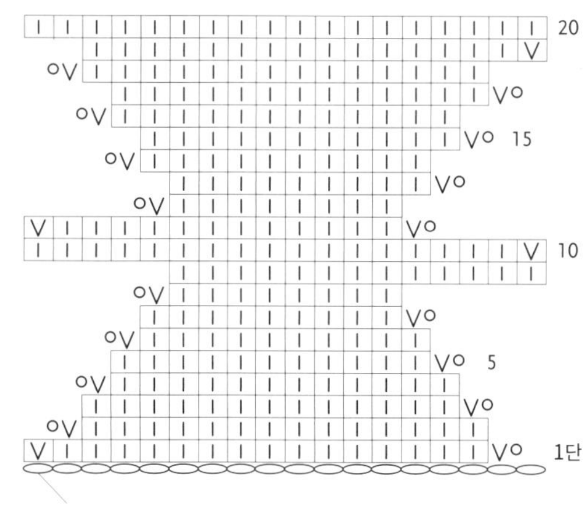

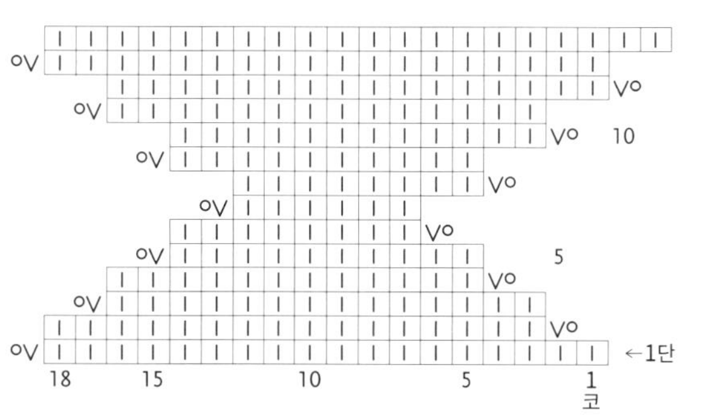

페어아일 카디건과 모자, 핑거리스 장갑 p.20, 21

★실　[카디건] 퀸 애니 미디엄 그레이(833) 330g, 다크 그레이(946) 90g, 화이트(802) 50g, 라이트 그레이(832) 40g,
퍼플(983) 20g, 코럴 핑크(974), 핑크(938), 레몬(105), 페퍼민트 그린(989), 스모키 블루(962) 각 10g
[모자] 퀸 애니 미디엄 그레이 50g, 다크 그레이 30g, 화이트, 머스터드(104) 각 20g, 라이트 그레이, 퍼플,
레몬, 페퍼민트 그린, 스모키 블루 각 10g
[핑거리스 장갑] 퀸 애니 미디엄 그레이 50g, 화이트, 다크 그레이 각 20g, 퍼플, 레몬, 페퍼민트 그린,
라이트 그레이 각각 약간
★부재료　지름 1.8cm의 스냅단추 7쌍
★바늘　[카디건] 7호, 6호 대바늘
[모자, 핑거리스 장갑] 8호, 5호 대바늘
★게이지(10×10cm)　[카디건] 배색무늬뜨기 22코×22단, 메리야스뜨기 18코×24단
[모자, 핑거리스 장갑] 배색무늬뜨기 20코×22단
★사이즈　[카디건] 가슴둘레 102.5cm, 옷길이 56cm, 소매길이 74cm [모자] 머리둘레 48cm [핑거리스 장갑] 길이 25.5cm

✚ 뜨개 포인트
페어아일 무늬의 도안은 p.60, 61의 배색무늬뜨기 C의 배색을, 배색무늬뜨기A의 도안은 p.59를 참조한다.
손가락에 실을 걸어서 만드는 시작코로 뜨개를 시작한다.

★카디건

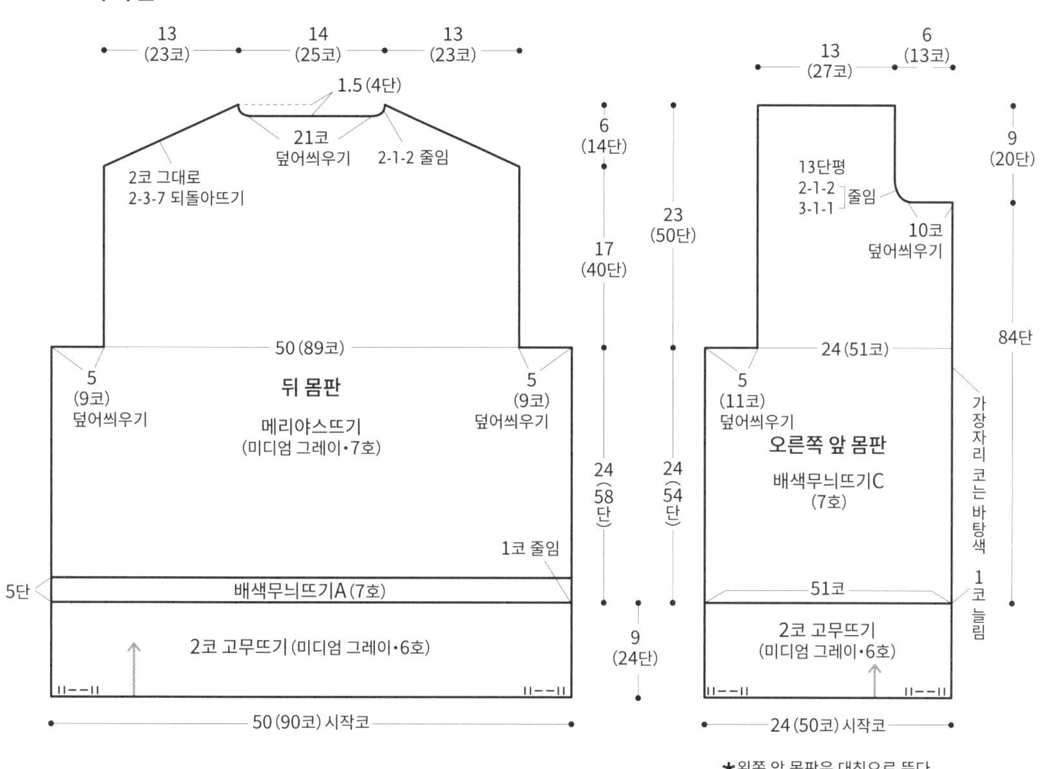

★왼쪽 앞 몸판은 대칭으로 뜬다.

테두리뜨기의 코줍기

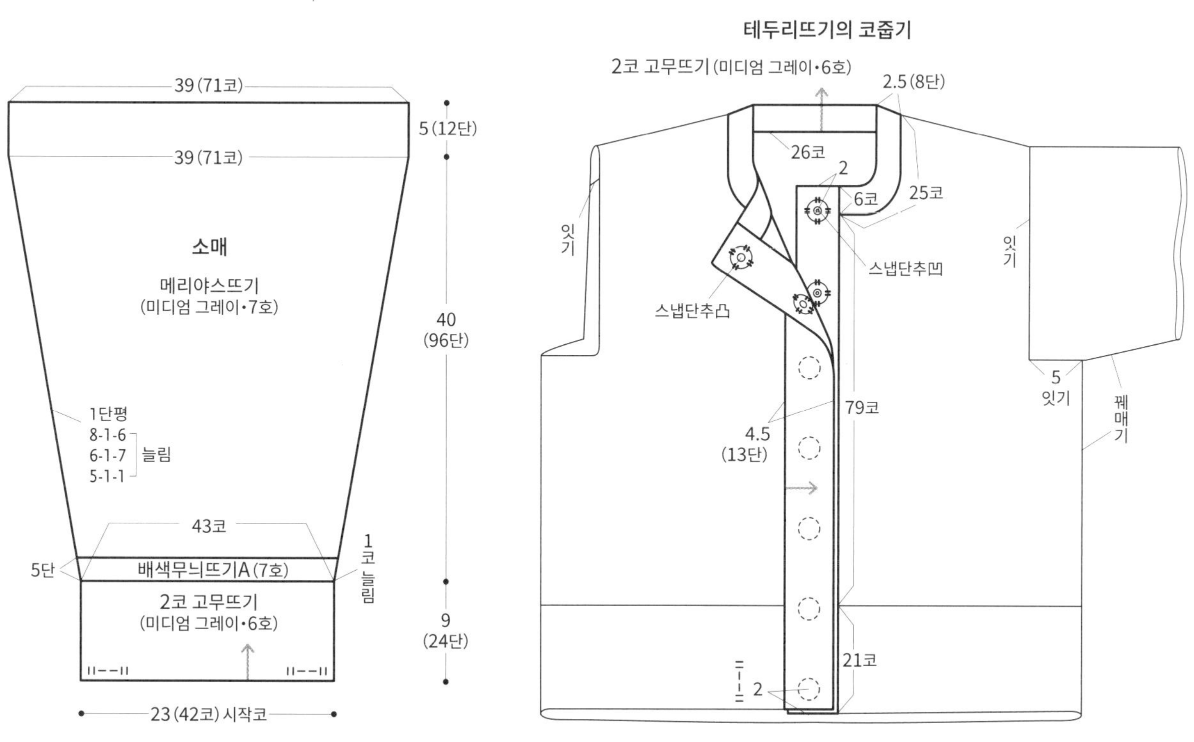

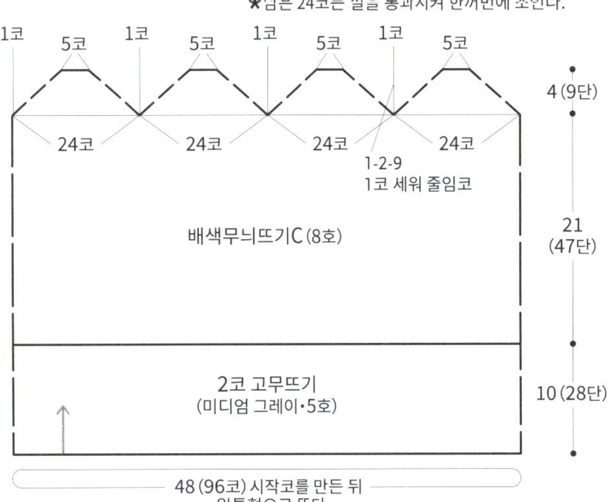

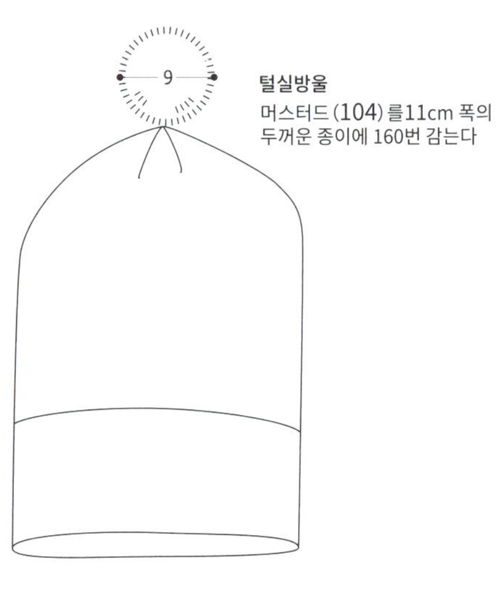

톱 부분의 코 줄이는 법

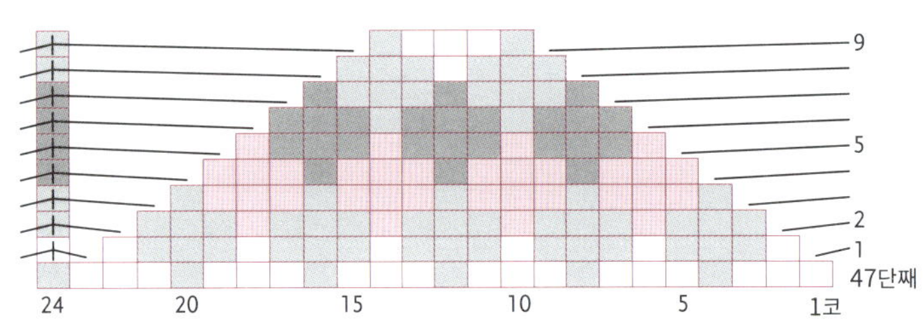

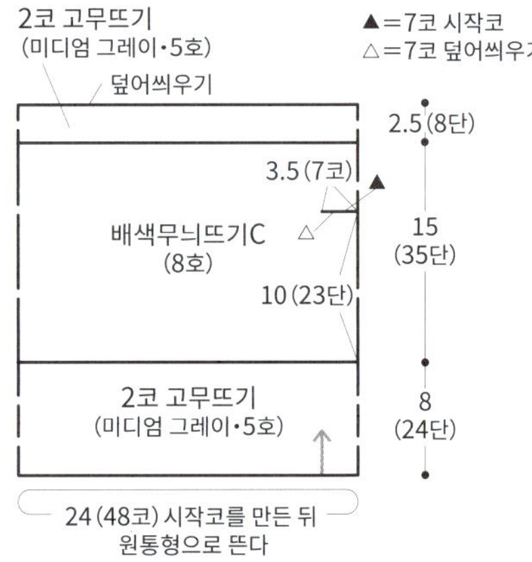

페어아일 베스트와 모자 p.22, 23

★ **실**　[베스트] 퀸 애니 베이지(812) 130g, 그린(935) 120g, 모스그린(853) 40g, 네이비(828), 블루(111) 각 30g,
　　　　 레몬(105) 20g, 블루 그린(986), 오렌지(988) 각 10g
　　　　[모자] 퀸 애니 그린, 베이지 각 40g, 네이비, 블루, 모스그린 각 10g, 레몬, 오렌지, 블루 그린 각 약간
★ **바늘**　[베스트] 7호, 6호 대바늘　[모자] 8호, 5호 4개 세트 대바늘
★ **게이지**(10×10cm)　[베스트] 배색무늬뜨기 22코×22단, 메리야스뜨기 22코×26단
　　　　　　　　　　 [모자] 배색무늬뜨기 20코×22단
★ **사이즈**　[베스트] 가슴둘레 90cm, 옷길이 56cm　[모자] 머리둘레 48cm

✚ **뜨개 포인트**

페어아일 무늬의 도안은 p.60, 61의 배색무늬뜨기 B의 배색을 참조한다.
손가락에 실을 걸어서 만드는 시작코로 뜨개를 시작한다.

★베스트

테두리뜨기의 코줍기

카디건
- ··· 바탕색(미디엄 그레이·833)
- ● ··· 배색(화이트·802)

베스트
- ··· 바탕색(베이지·812)
- ● ··· 배색(그린·935)

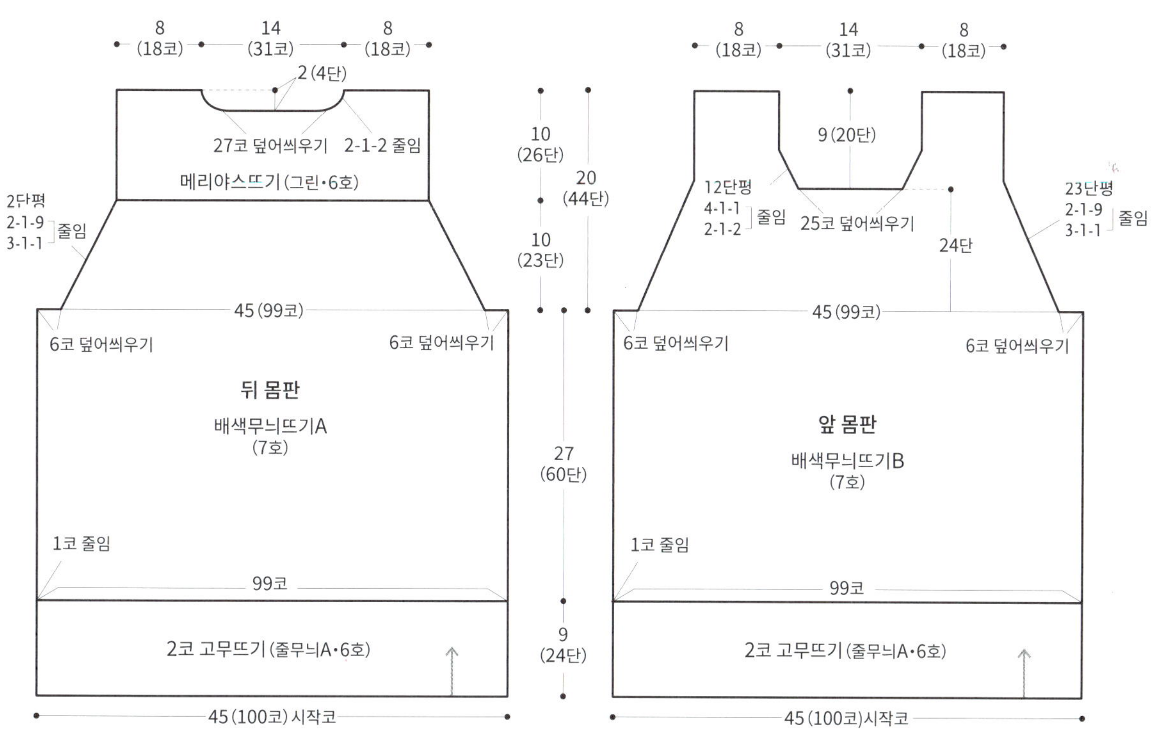

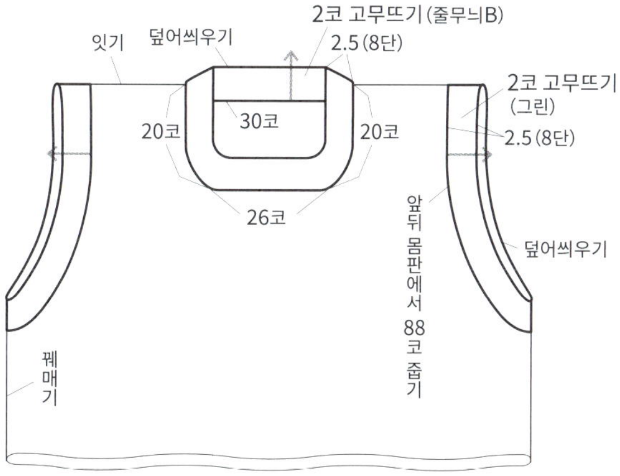

줄무늬 B

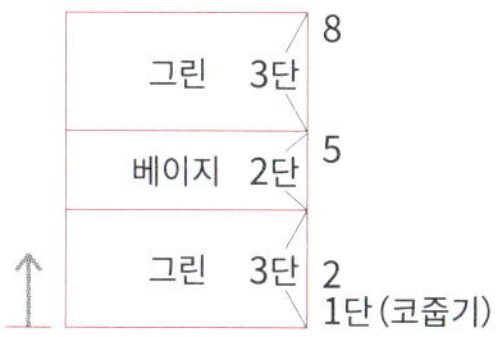

줄무늬 A

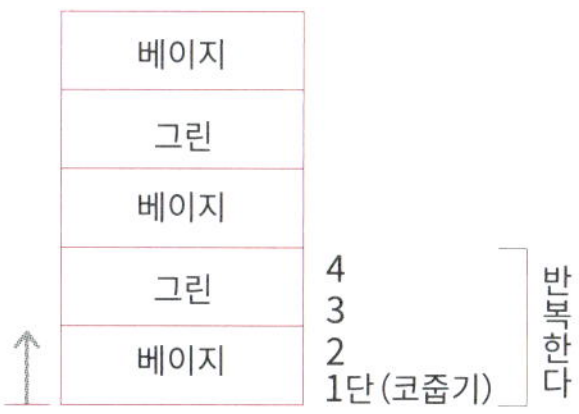

배색무늬뜨기 A

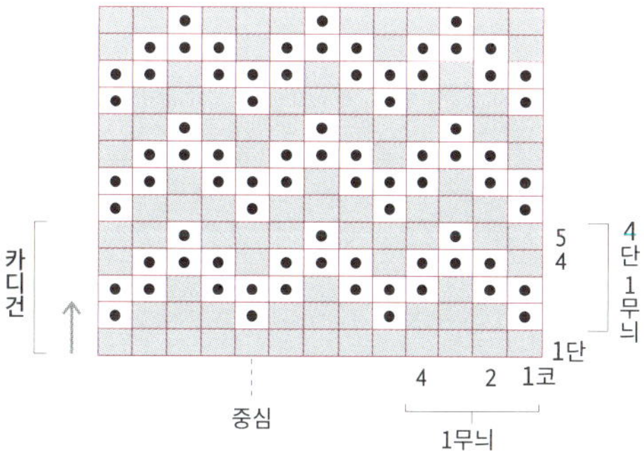

★모자

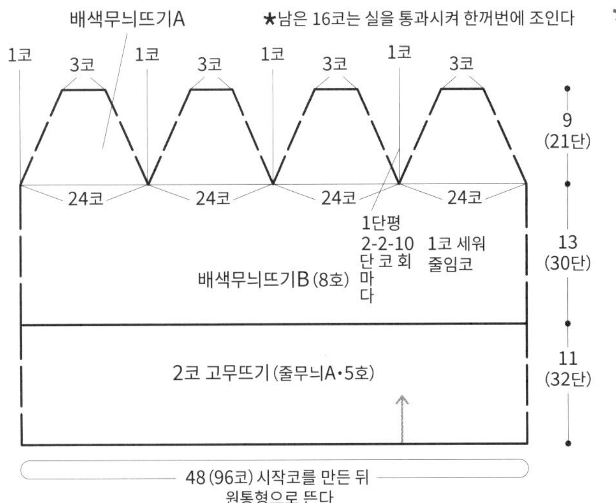

톱 부분의 코 줄이는 법

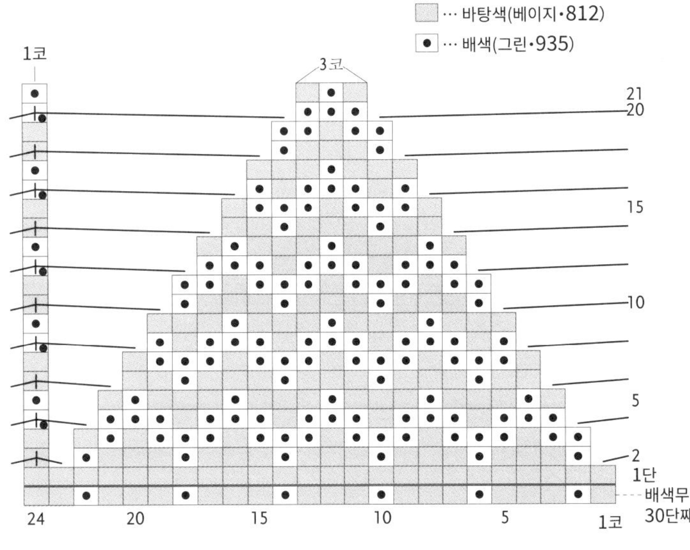

털실방울

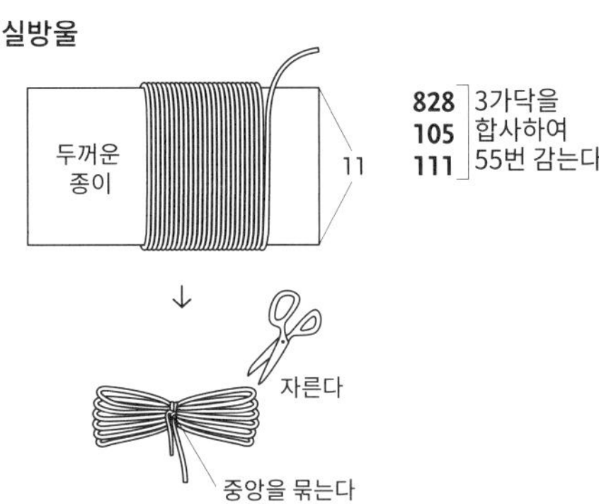

배색무늬뜨기의 도안

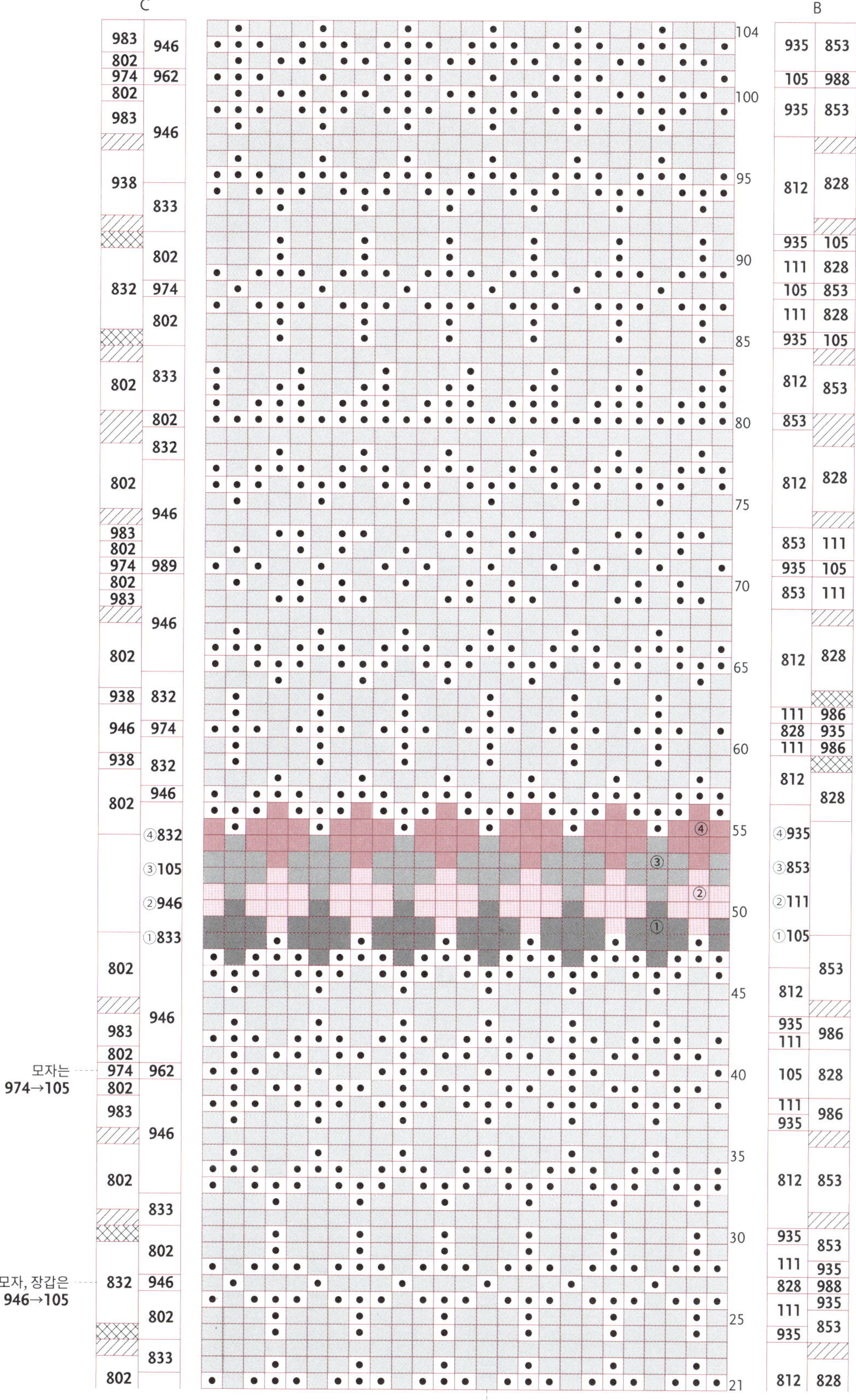

C
B
983 946
802
974 962
802
983 946
938 833
802
832 974
802
833
802 802
832
802 946
983
802
974 989
802
983 946
802
938 832
946 974
938 832
802 946
④832
③105
②946
①833
802
983 946
802
974 962
802
983 946
802
833
802
832 946
802
833
802
935 853
105 988
935 853
812 828
935 105
111 828
105 853
111 828
935 105
812 853
853
812 828
853 111
935 105
853 111
812 828
111 986
828 935
111 986
812
828
④935
③853
②111
①105
853
812
935 986
111
105 828
111 986
935
812 853
935 853
111 935
828 988
111 935
935 853
812 828
104
100
95
90
85
80
75
70
65
60
55
50
45
40
35
30
25
21
모자는
974→105
모자, 장갑은
946→105
중심

건지 타블리에 (tablier)   p.24, 25

* ★**실**   보토나토 네이비(109) 510g
* ★**부재료** 지름 1.4cm 단추 4개
* ★**바늘**   7호, 6호 대바늘, 7/0호 코바늘
* ★**게이지**(10×10cm)   17.5코×26단
* ★**사이즈**   가슴둘레 125cm, 옷길이 66cm, 소매길이 51cm

✚ **뜨개 포인트**

손가락에 실을 걸어서 만드는 시작코로 뜨개를 시작한다.
밑단의 가터뜨기와 소맷부리의 2코 고무뜨기는 6호, 그 외에는
7호 대바늘로 뜬다. 목둘레는 코바늘로 짧은뜨기를 2단 뜬다.
둘째 단에는 사슬뜨기로 단춧구멍을 만든다.
옆선을 꿰맨 뒤 주머니를 올려놓고 주위를 꿰맨다.

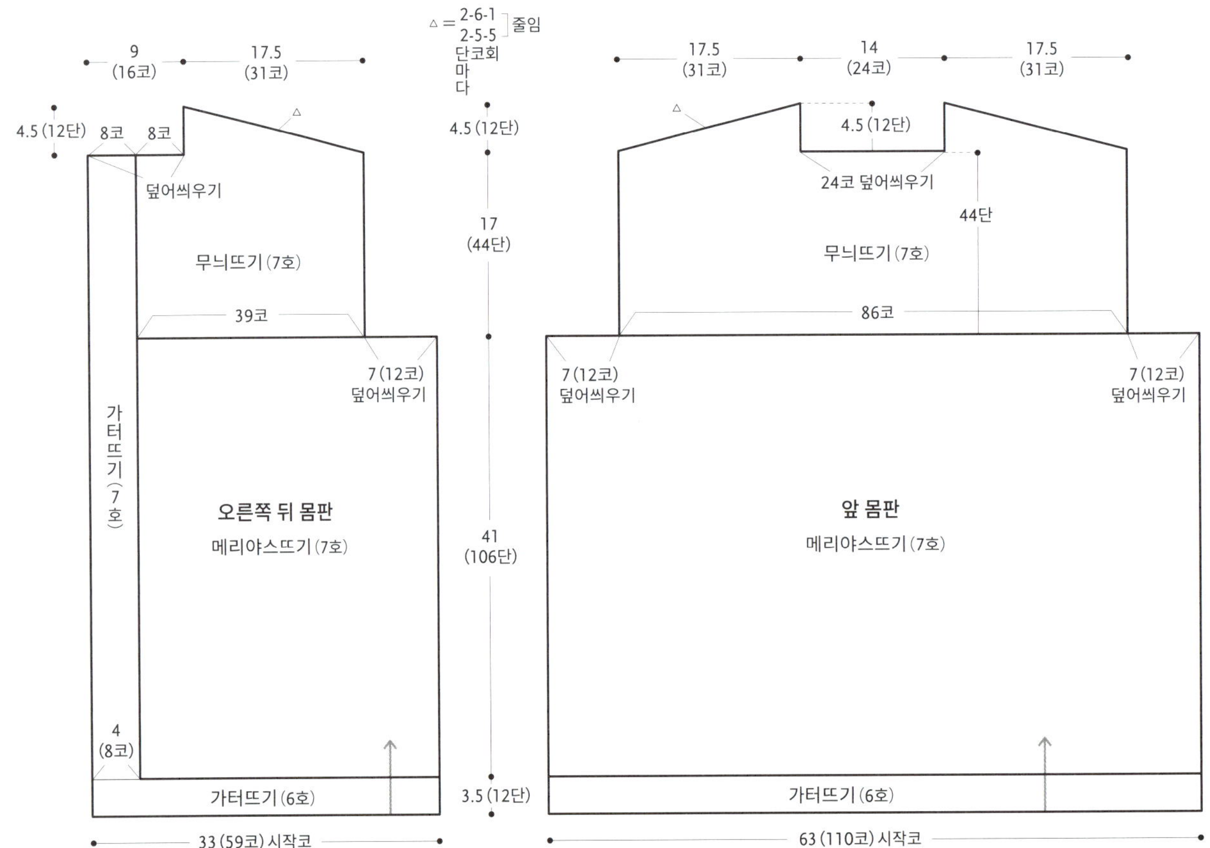

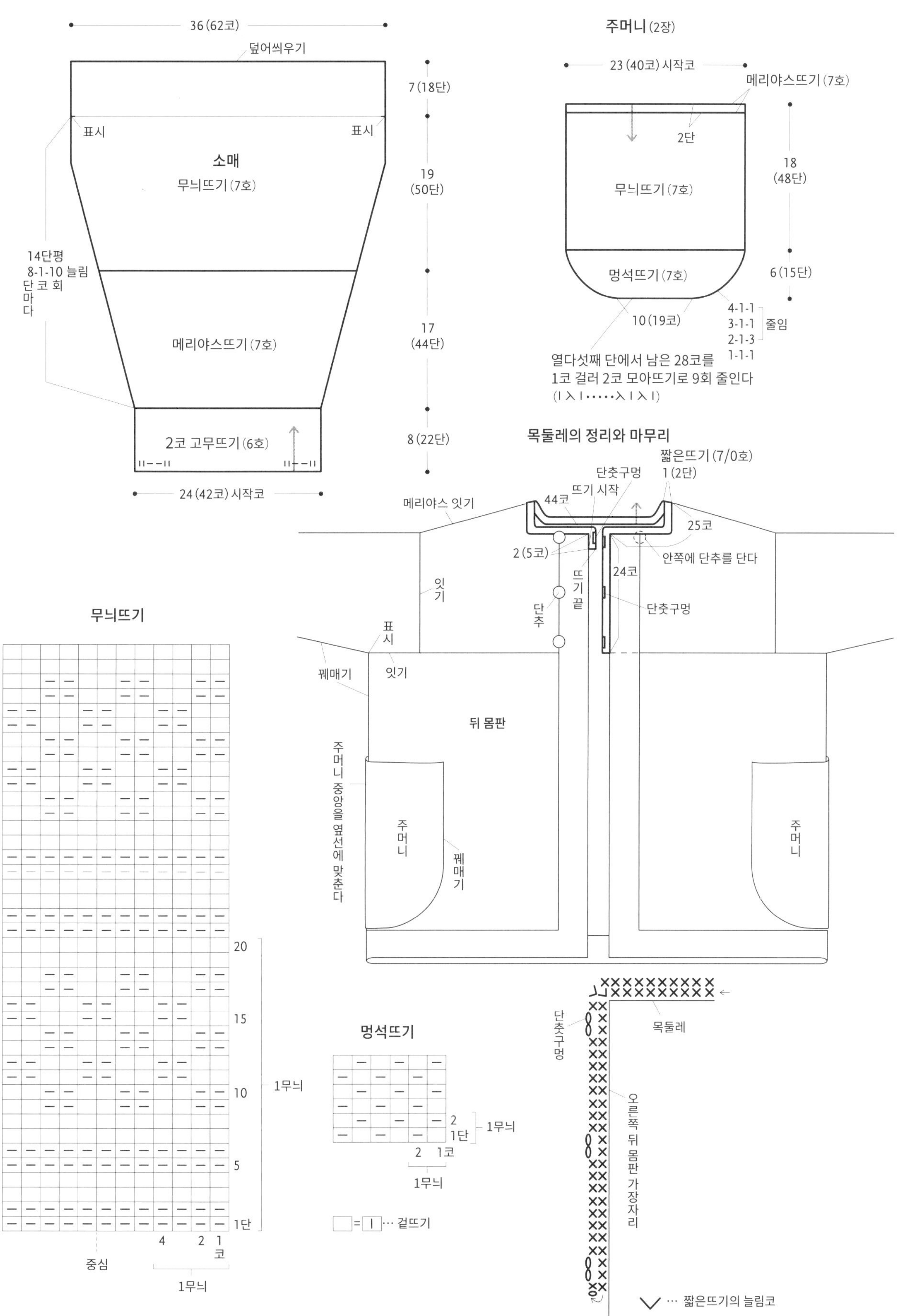

36 (62코)
덮어씌우기
7 (18단)
표시
표시
소매
무늬뜨기 (7호)
19 (50단)
14단평
8-1-10 늘림
단 코 회
마 다
메리야스뜨기 (7호)
17 (44단)
2코 고무뜨기 (6호)
8 (22단)
24 (42코) 시작코

주머니 (2장)
23 (40코) 시작코
메리야스뜨기 (7호)
2단
18 (48단)
무늬뜨기 (7호)
멍석뜨기 (7호)
6 (15단)
10 (19코)
4-1-1
3-1-1
2-1-3
1-1-1
줄임
열다섯째 단에서 남은 28코를
1코 걸러 2코 모아뜨기로 9회 줄인다
(Ⅰ入Ⅰ‥‥‥入Ⅰ入Ⅰ)

목둘레의 정리와 마무리
짧은뜨기 (7/0호)
1 (2단)
단춧구멍
뜨기 시작
44
메리야스 잇기
25코
2 (5코)
안쪽에 단추를 단다
24코
잇기
뜨기 끝
단추
단춧구멍
표시
꿰매기
잇기
뒤 몸판
주머니 중앙을 옆선에 맞춘다
주머니
꿰매기

무늬뜨기
20
15
10
5
1단
1무늬
중심
4 2 1
코
1무늬

멍석뜨기
2
1단
1무늬
2 1코
1무늬
□ = Ⅰ … 겉뜨기

단춧구멍
목둘레
오른쪽 뒤 몸판 가장자리
∨ … 짧은뜨기의 늘림코

리브 리브 베스트 p.28

* ★ **실**　브리티시 파인 네이비 블루(003) 130g, 그레이(010) 110g (각각 2가닥)
* ★ **바늘**　8호 대바늘
* ★ **게이지**(10×10cm)　1코 고무뜨기 23코×25단
* ★ **사이즈**　옷길이 49cm

✚ 뜨개 포인트

실은 각각 2가닥으로 해서 모두 1코 고무뜨기로 뜬다.
손가락에 실을 걸어서 만드는 시작코로 뜨개를 시작한다.
각 부분을 각각 뜬 뒤 떠서 꿰매기로 마무리한다.

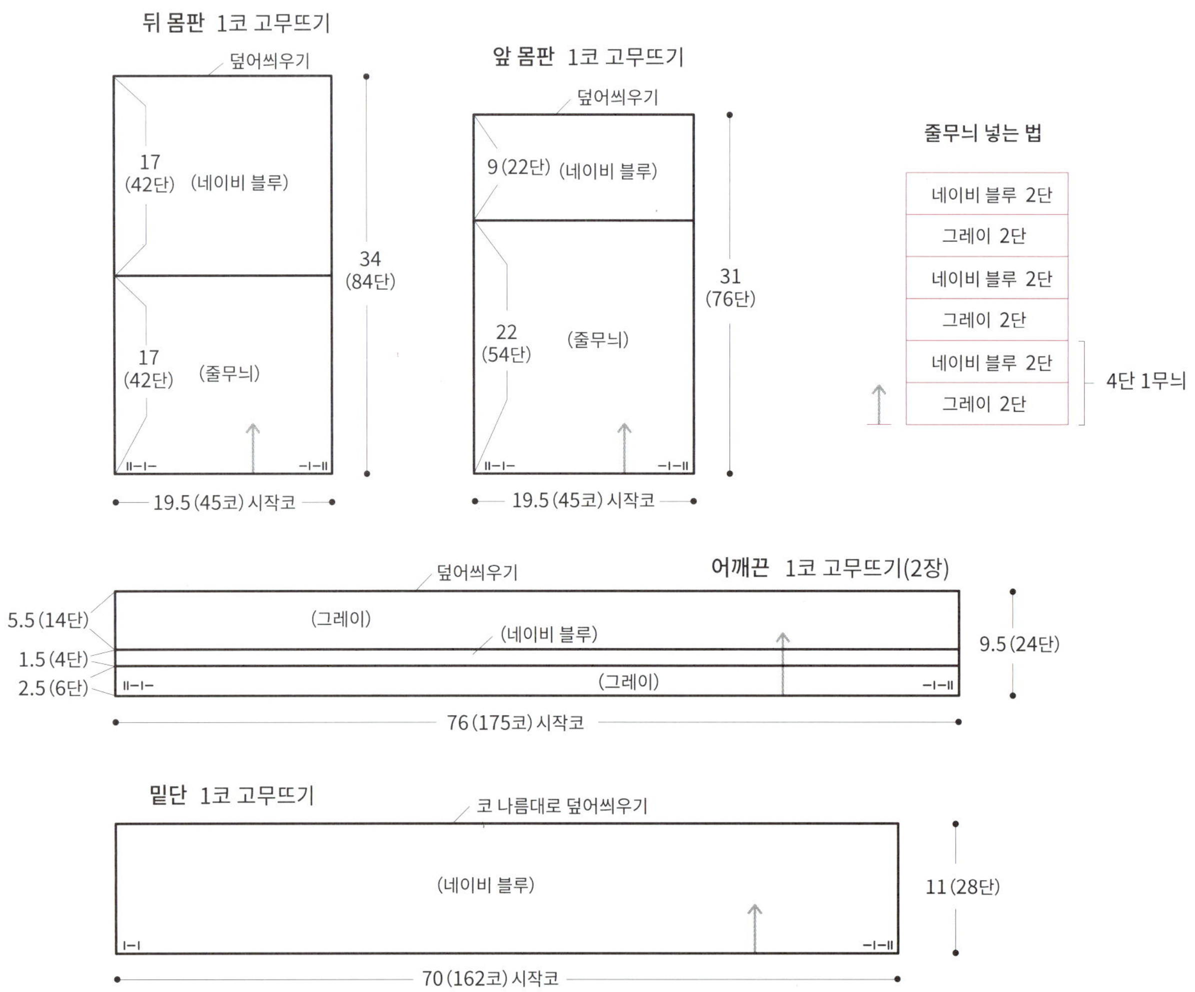

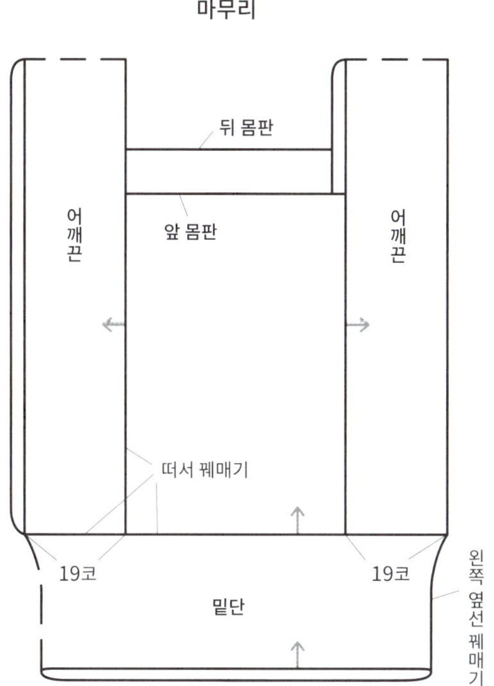

딸기 스톨 p.26, 27

- **★실**　　퀸 애니 화이트(802) 290g
- **★바늘**　　8/0호 코바늘
- **★게이지**(10×10cm)　5네트×10단
- **★사이즈**　폭130cm, 높이62cm

✚ 뜨개 포인트

폭이 넓은 부분부터 시작코를 만들어 뜨개질해 나간다.
테두리뜨기는 본체의 뜨기 끝부분에서 이어서 뜬다.

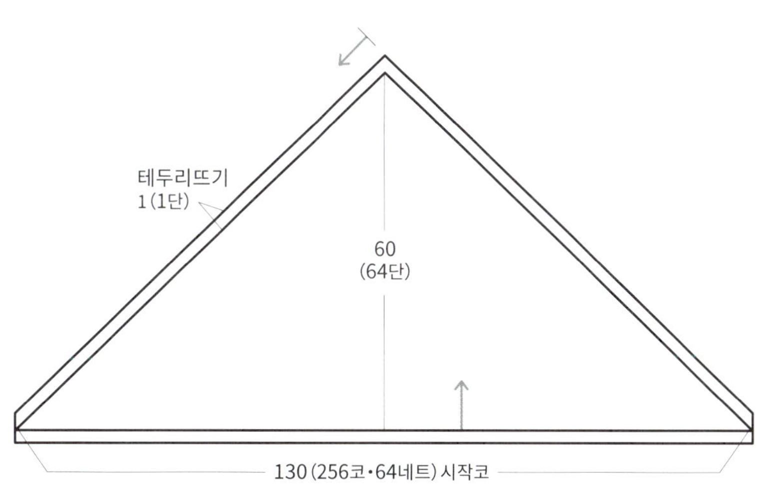

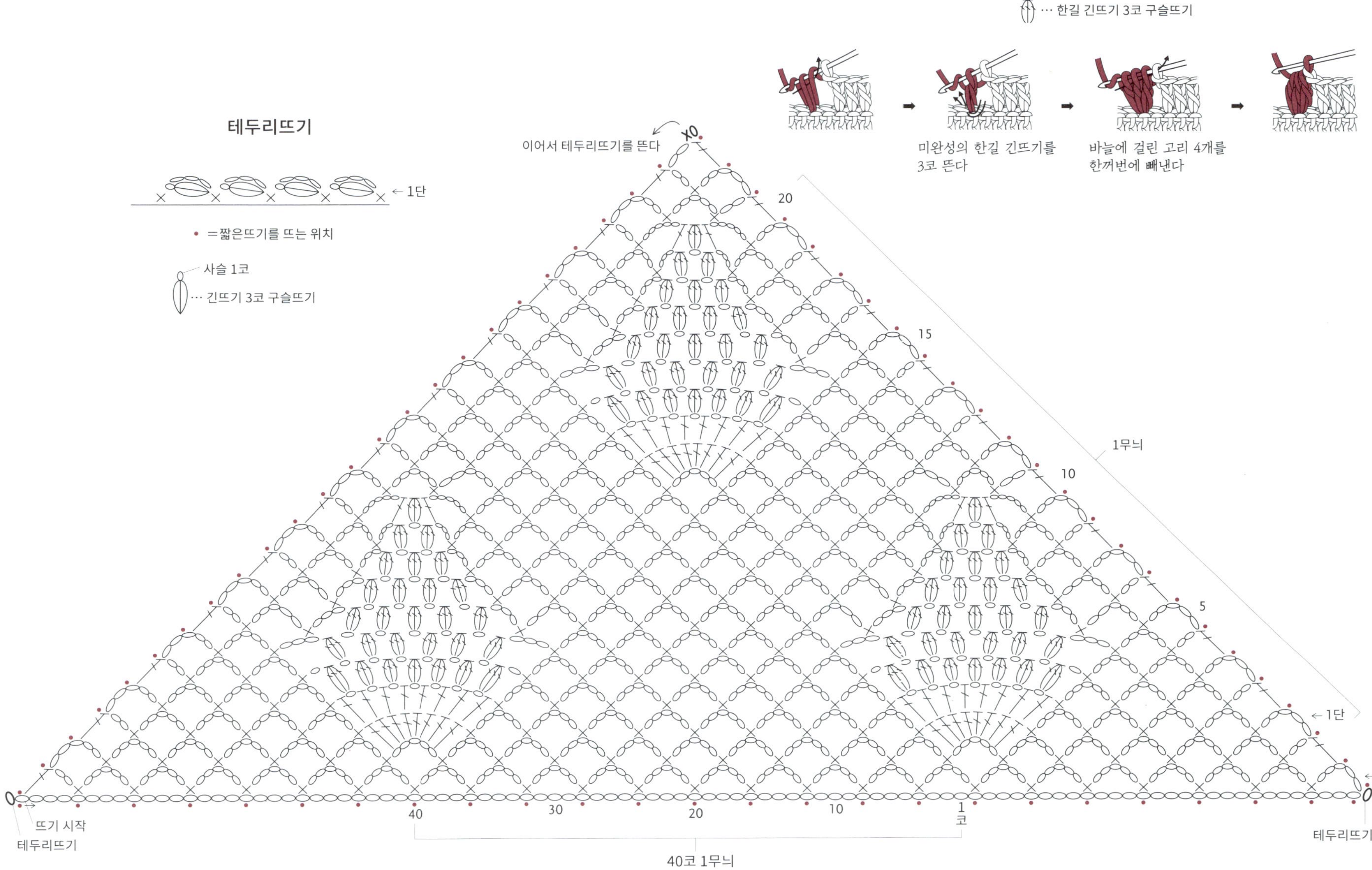
한길 긴뜨기 3코 구슬뜨기
미완성의 한길 긴뜨기를
3코 뜬다
바늘에 걸린 고리 4개를
한꺼번에 빼낸다
테두리뜨기
이어서 테두리뜨기를 뜬다
←1단
＝짧은뜨기를 뜨는 위치
사슬 1코
긴뜨기 3코 구슬뜨기
20
15
1무늬
10
5
←1단
←
뜨기 시작
테두리뜨기
40
30
20
10
1코
테두리뜨기
40코 1무늬

아기 돼지가 낮잠을 청하는 나무 그늘 스웨터 p.32, 33

★ **실**　소프트 도네갈 라이트 그레이(5229) 470g, 퀸 애니 옐로(892), 옐로 그린(957),
　　　라이트 브라운(991), 페퍼민트 그린(989), 그린(935), 덜 블루(951) 각각 약간
★ **바늘**　9호, 8호, 7호 대바늘
★ **게이지**(10×10cm)　안메리야스뜨기 14코×22단, 무늬뜨기 B 15코×22단
★ **사이즈**　가슴둘레 120cm, 옷길이 59cm, 소매길이 74cm

✚ **뜨개 포인트**

손가락에 실을 걸어서 만드는 시작코로 뜨개를 시작한다.
밑단은 1코 돌려 고무뜨기이지만, 겉면에서 뜨는 겉뜨기만을 돌린다.
앞 몸판에만 무늬뜨기A(나무와 가지의 무늬)를 뜨고,
나중에 퀸 애니 2가닥으로 레이지데이지 스티치를 적당히 수놓는다.

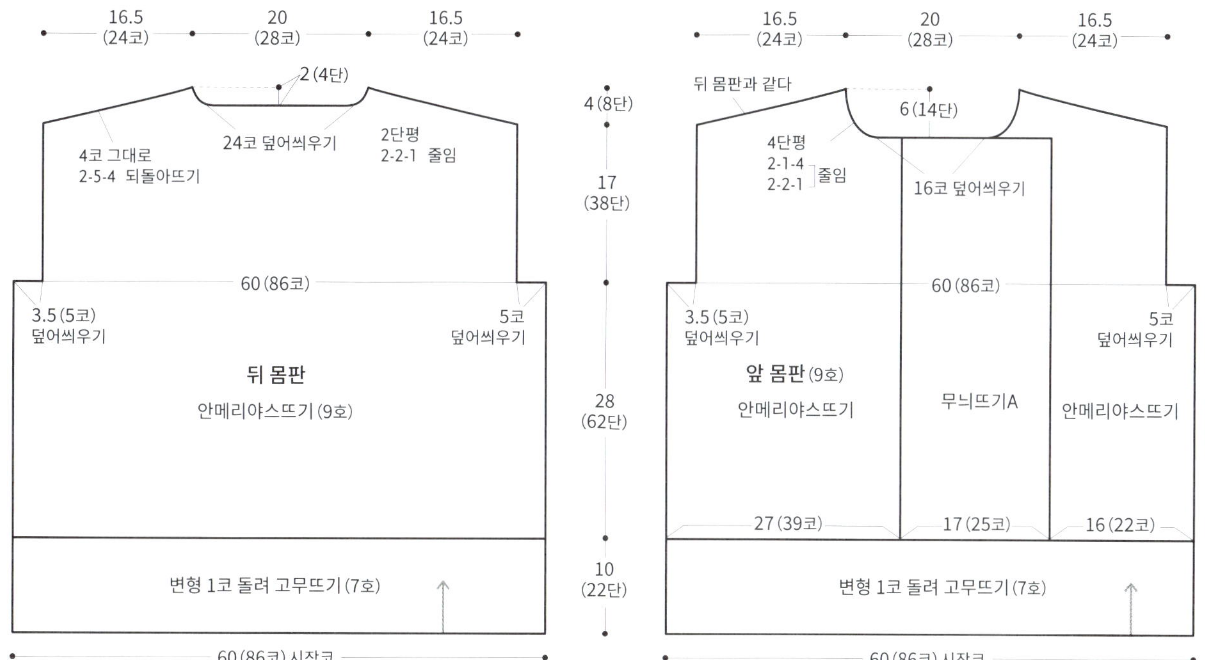

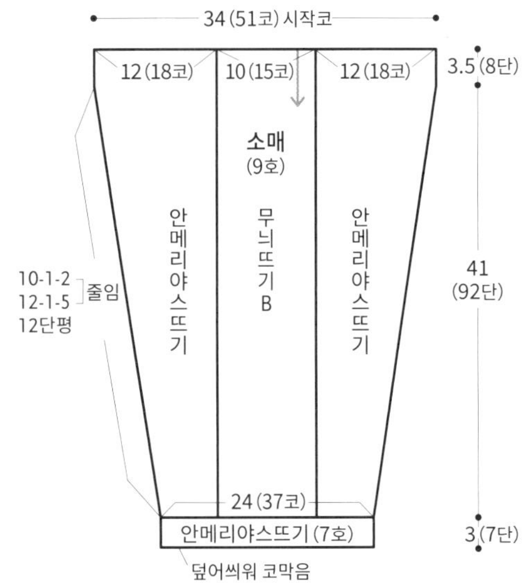

무늬뜨기B

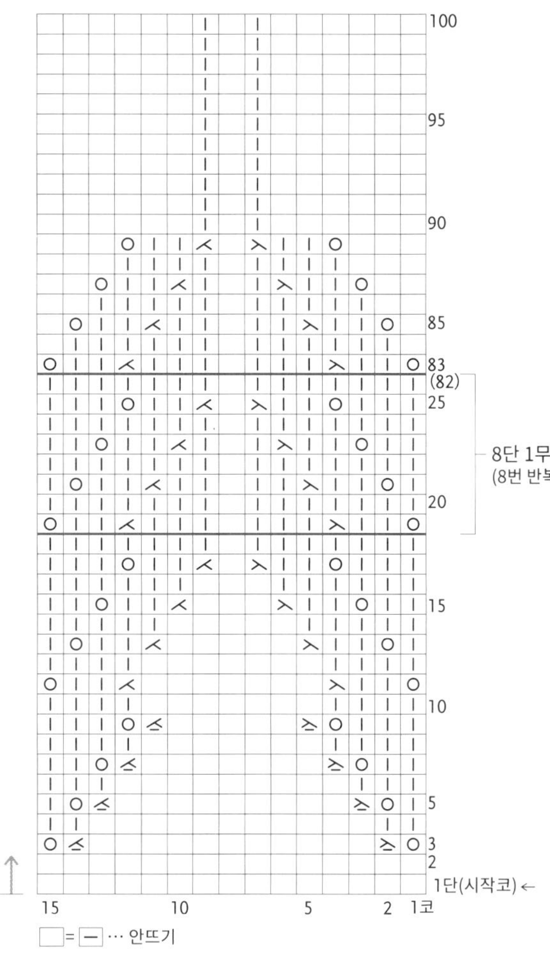

□ = — … 안뜨기

앞 몸판 자수 위치

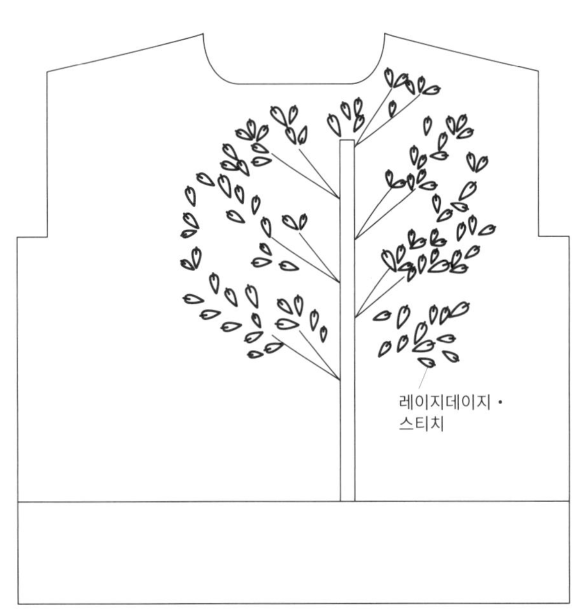

레이지데이지 · 스티치

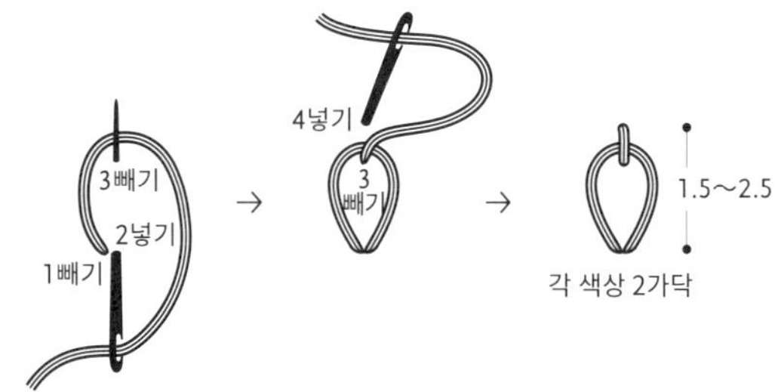

목둘레

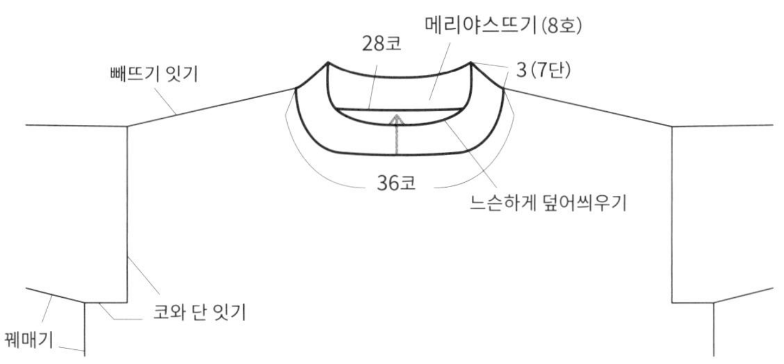

무늬뜨기A

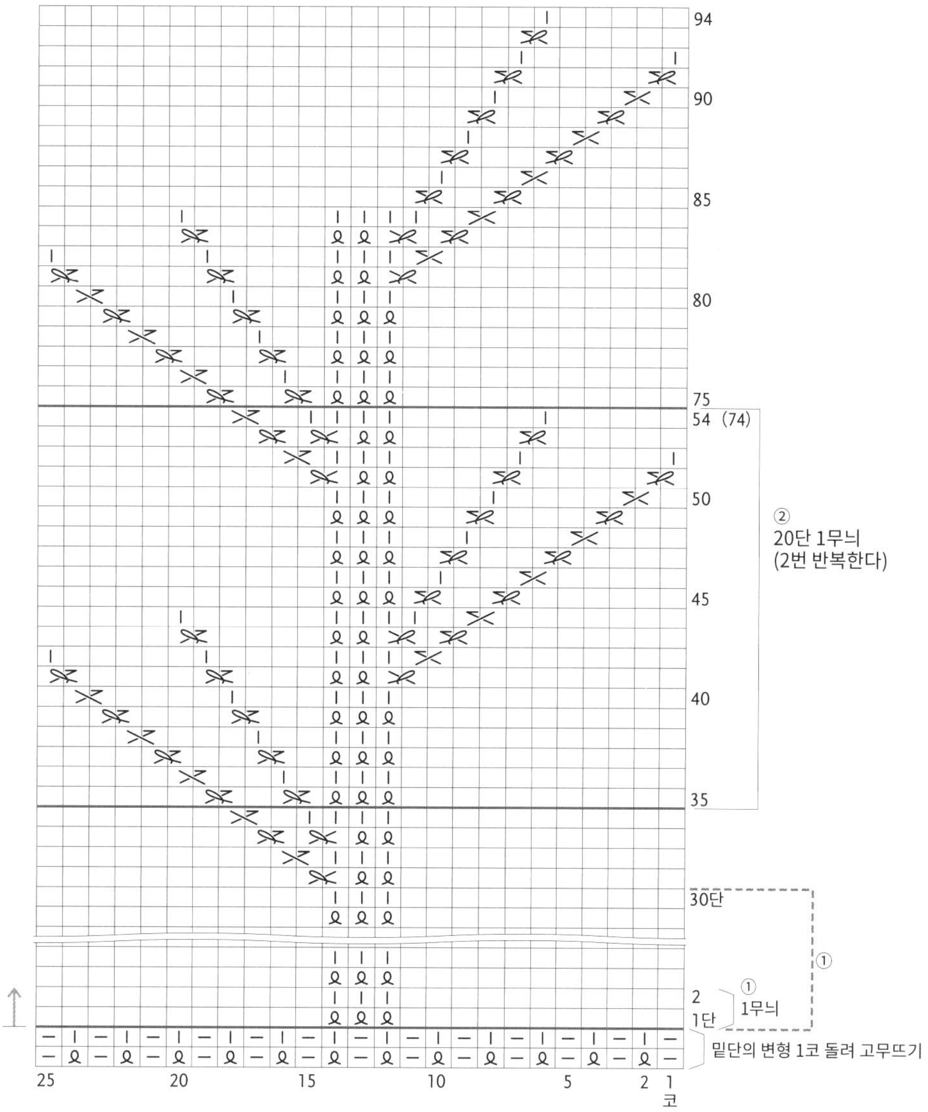

□ = — … 안뜨기

밑단의 변형 1코 돌려 고무뜨기

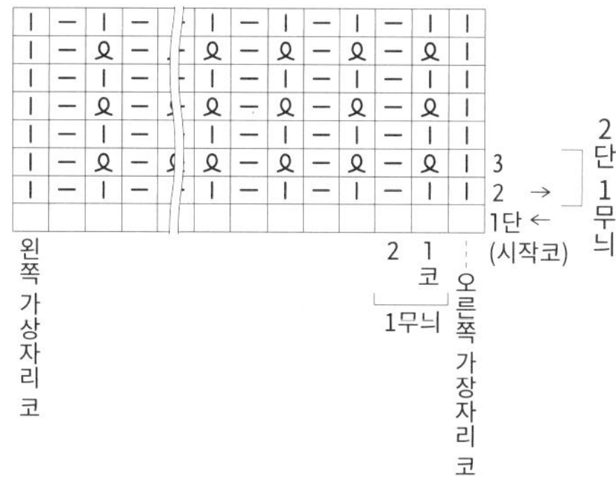

스캘럽 에지 스웨터 p.29

* **실**　키드 모헤어 파인 화이트(02) 270 g (4가닥)
* **바늘**　15호 80cm 줄바늘
* **게이지**(10×10cm)　16코×18단
* **사이즈**　가슴둘레 100cm, 옷길이 51cm

+ 뜨개 포인트

실은 4가닥으로 사용한다.
손가락에 실을 걸어서 만드는 시작코로 뜨개를 시작한다.
오른쪽 소매부터 앞뒤 몸판을 이어서 뜬다.
18단까지 뜨고 나면 실이 있는 쪽에서 38코 시작코를 만들고,
목둘레의 위치에서는 오른쪽(앞쪽)과 왼쪽(뒤쪽)을 따로 뜬다.

무늬뜨기

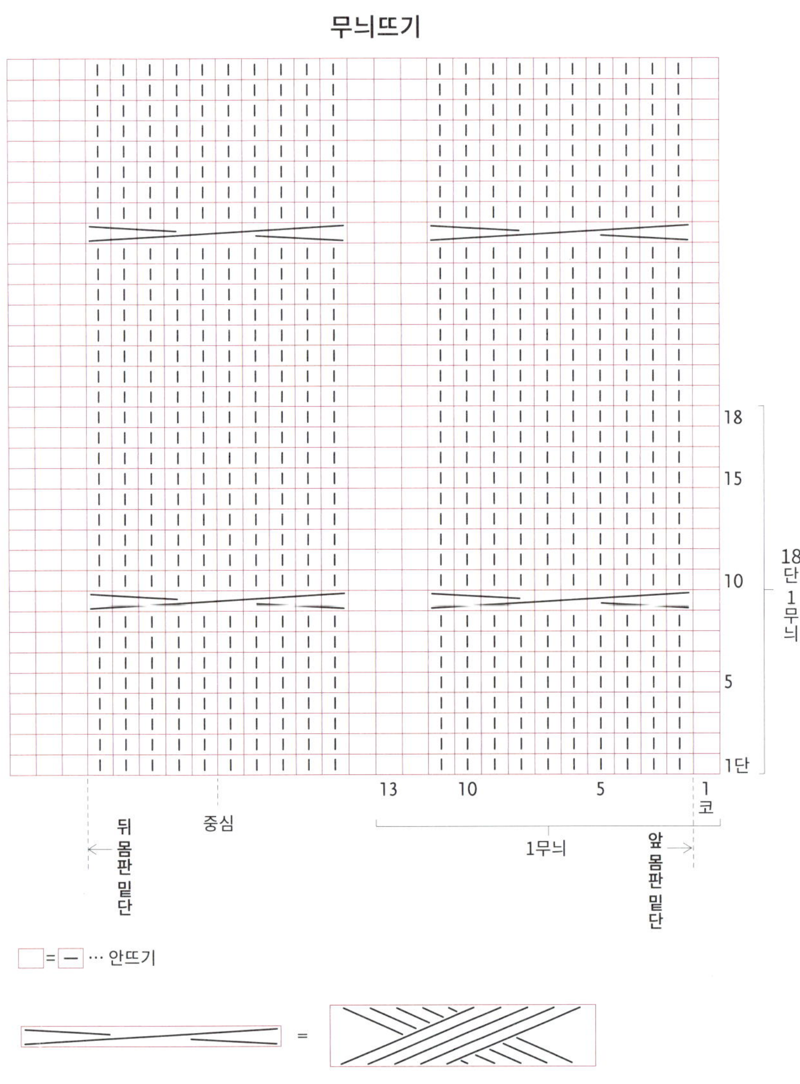

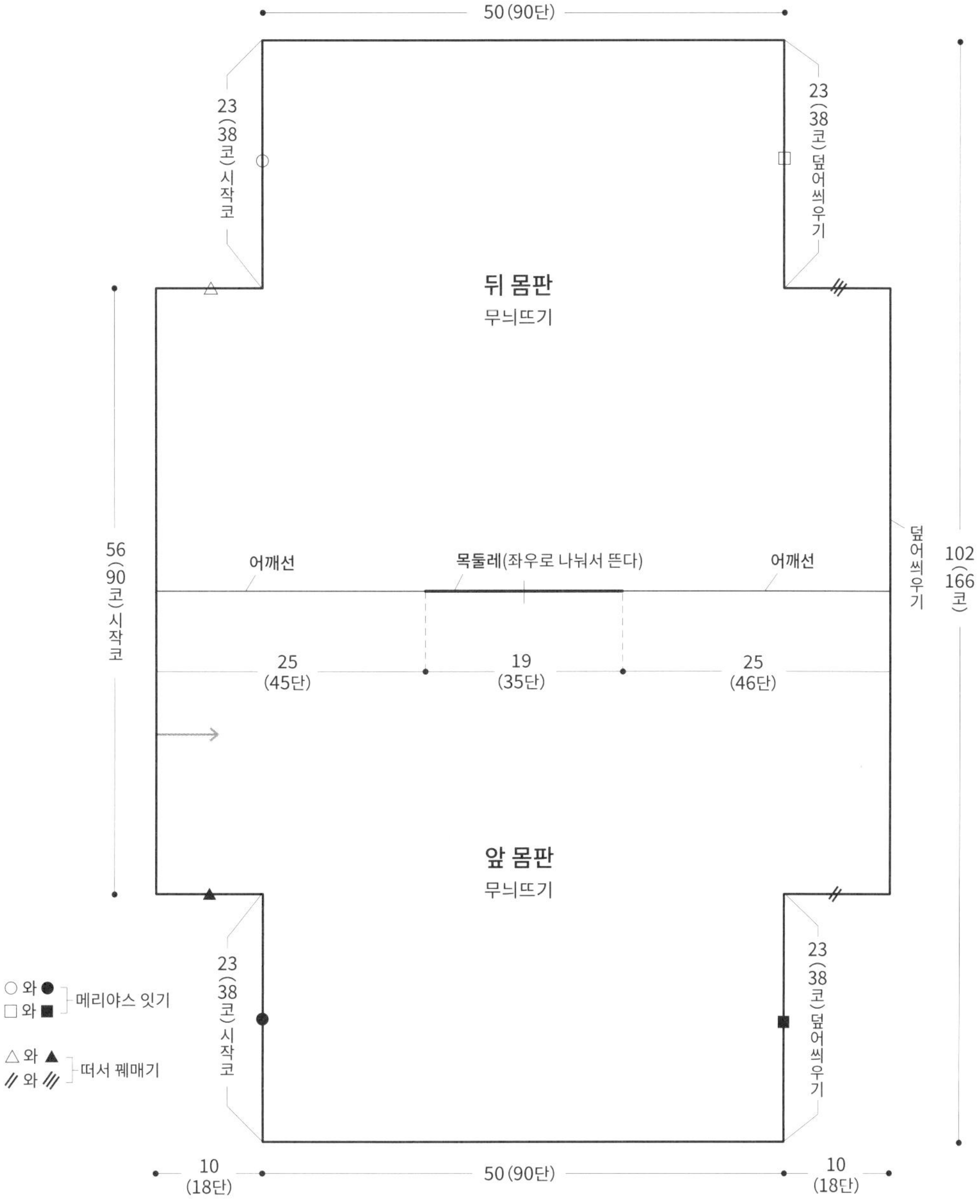

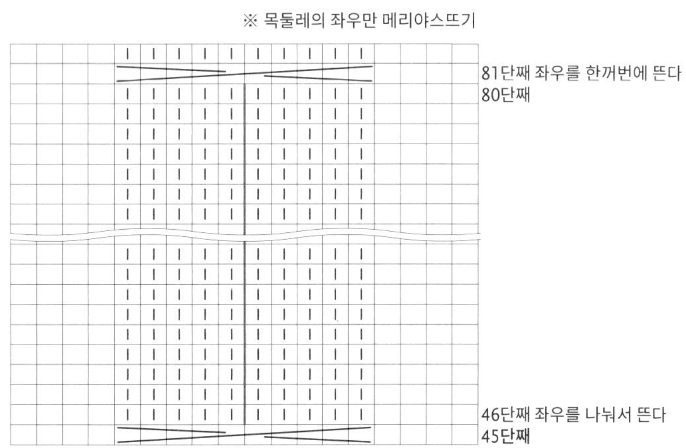

50(90단)
23(38코) 시작코
23(38코) 덮어씌우기
뒤 몸판
무늬뜨기
56(90코) 시작코
어깨선
목둘레(좌우로 나눠서 뜬다)
어깨선
덮어씌우기
102(166코)
25(45단)
19(35단)
25(46단)
앞 몸판
무늬뜨기
23(38코) 시작코
23(38코) 덮어씌우기
○ 와 ●
□ 와 ■
메리야스 잇기
△ 와 ▲
// 와 ///
떠서 꿰매기
10(18단)
50(90단)
10(18단)

목둘레 뜨는 법

※ 목둘레의 좌우만 메리야스뜨기

81단째 좌우를 한꺼번에 뜬다
80단째
46단째 좌우를 나눠서 뜬다
45단째

와플뜨기로 뜬 재킷과 머플러 p.30 , 31

★**실**　[재킷] 퀸 애니 화이트(802) 320g, 블랙(803) 290g
　　　　[머플러] 퀸 애니 화이트 100g, 블랙 90g
★**바늘**　7호 대바늘
★**게이지**(10×10cm)　21코×36단
★**사이즈**　[재킷] 가슴둘레 96cm, 옷길이 54cm, 소매길이 51cm
　　　　　[머플러] 폭 14cm, 길이 158cm

✚ **뜨개 포인트**

손가락에 실을 걸어서 만드는 시작코로 뜨개를 시작한다.
와플뜨기(무늬뜨기 A) 뜨는 법은 p.40을 참조한다.

★**재킷**

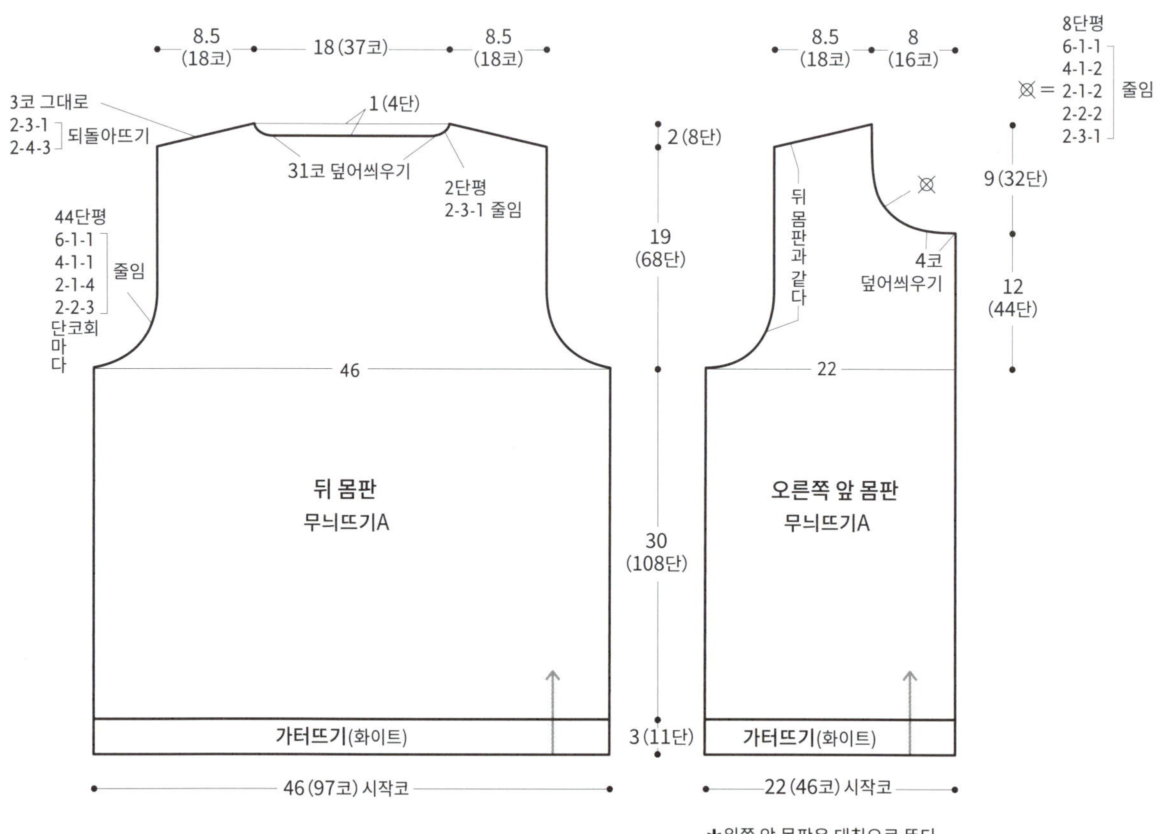

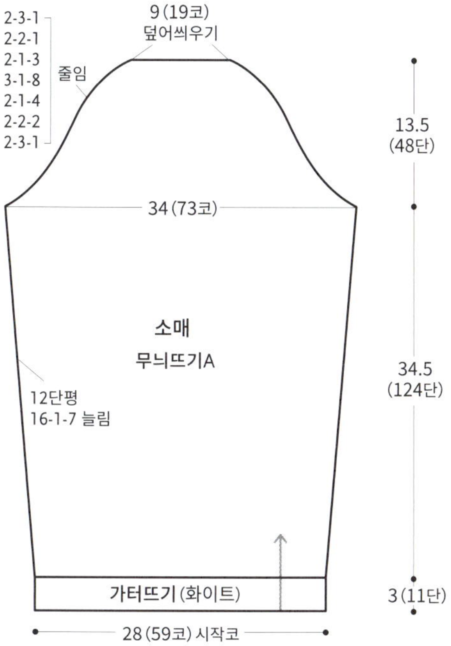

소매

앞 몸판 끝단과 목둘레의 코줍기

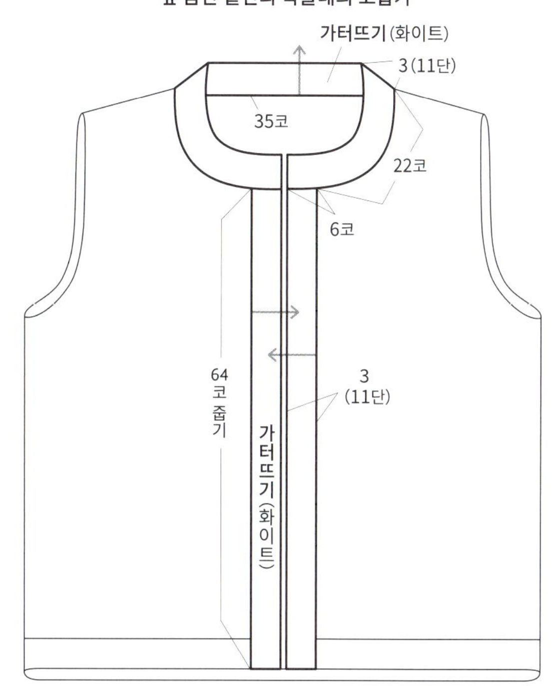

무늬뜨기A

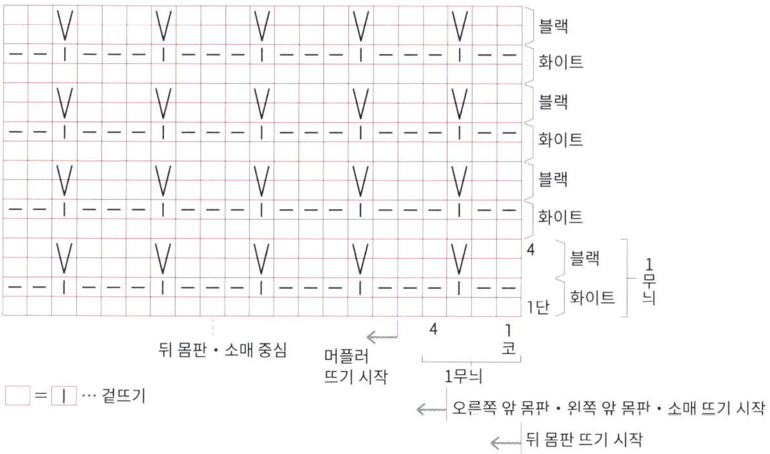

★머플러

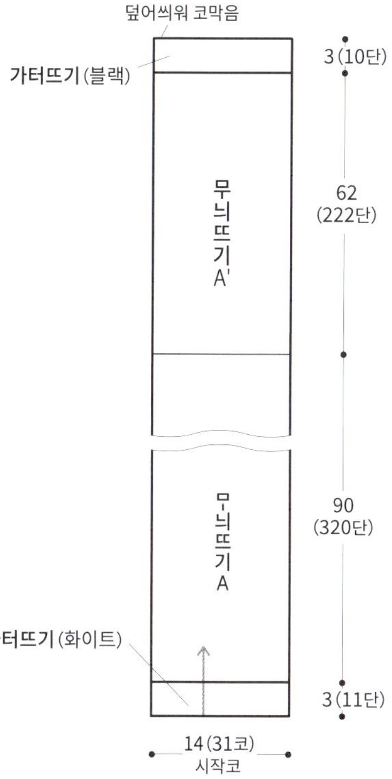

무늬뜨기A'

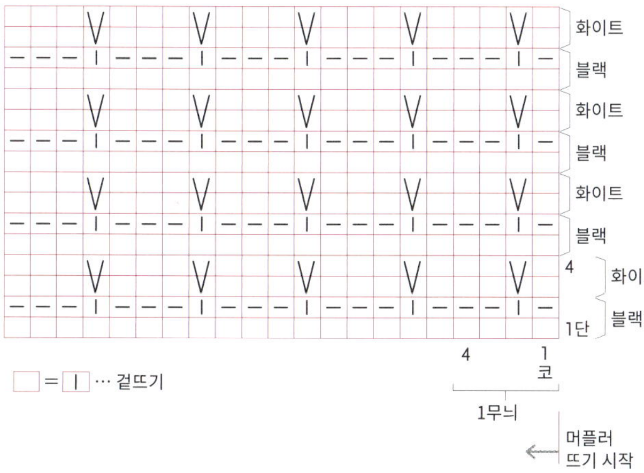

가터뜨기

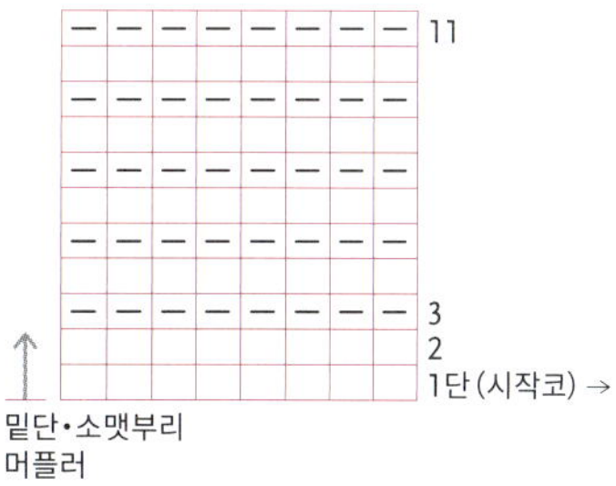

가터뜨기로 뜬 후지산 스웨터와 슈크림 모자 p.34, 35

- **★실** [스웨터] 셰틀랜드 그레이(30) 330g, 화이트(50) 270g
  [모자] 셰틀랜드 화이트 60g, 그레이 50g
- **★부재료** [스웨터] 지름 1.3cm 단추 9개 [모자] 지름 1.3cm 단추 5개
- **★바늘** 7호, 5호 대바늘, 7/0호 코바늘
- **★게이지**(10×10cm) 19코×39단
- **★사이즈** [스웨터] 옷길이 50cm, 소매길이 82cm [모자] 머리둘레 54cm

✚ 뜨개 포인트

[스웨터] 화이트로 별도 사슬 시작코부터 뜨기 시작한다. 그레이 실로 바꾼 뒤 이후부터는 그레이와 화이트를 2단씩,
가터뜨기로 뜬다. 밑단 부분은 슬릿을 내서 뜬다. 뜨기 끝부분은 화이트로 덮어씌워 코막음을 한다.

[모자] 그레이로 별도 사슬 시작코부터 뜨기 시작한다. 이후부터는 그레이와 화이트를 2단씩 가터뜨기로 뜬다.
뜨기 시작 부분과 뜨기 끝부분을 겹쳐서 단추로 고정한 뒤 톱을 그레이로 코줍기해서 뜨고 조인다.
털실방울을 만들어서 단다.

★스웨터

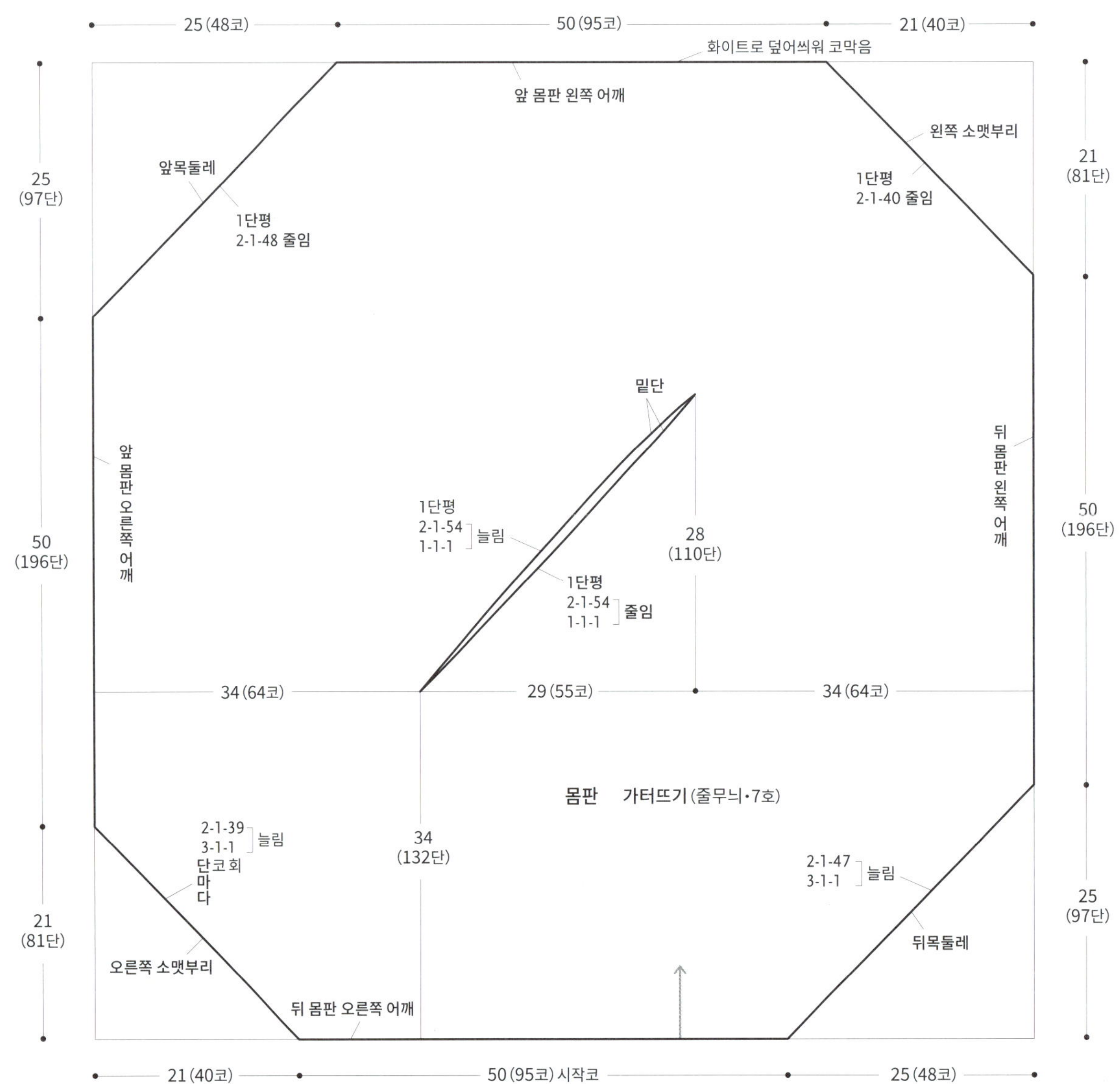

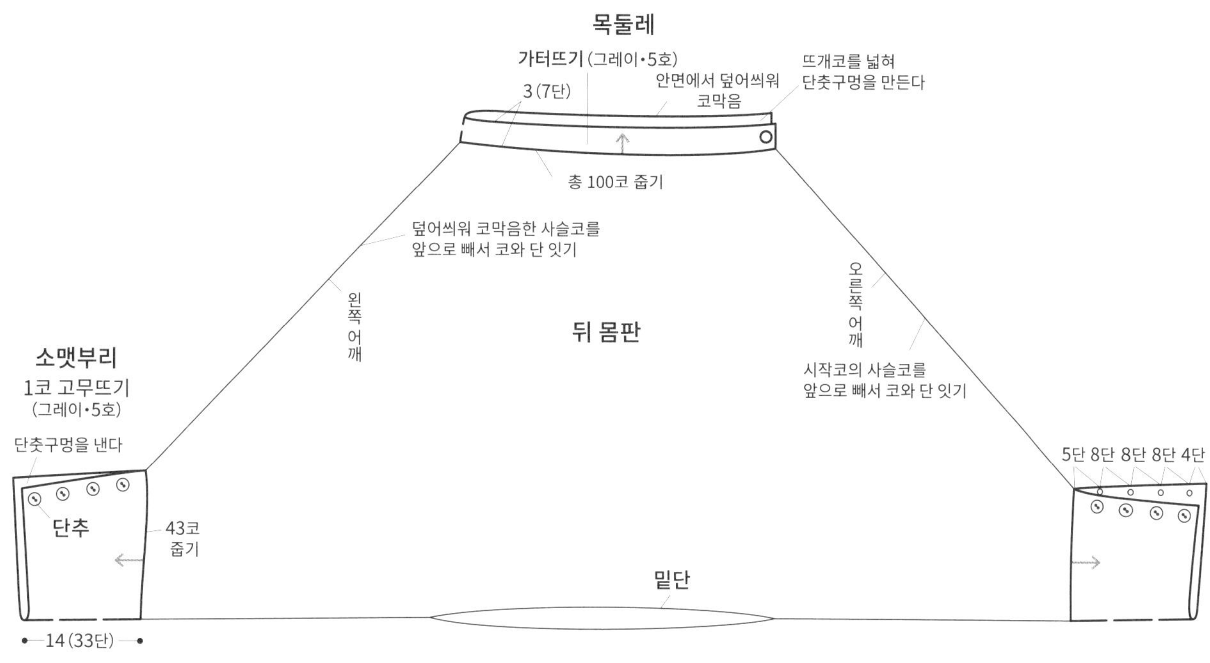

가터뜨기의 줄무늬 넣는 법

단춧구멍 뜨는 법

늘림코 & 줄임코 방법

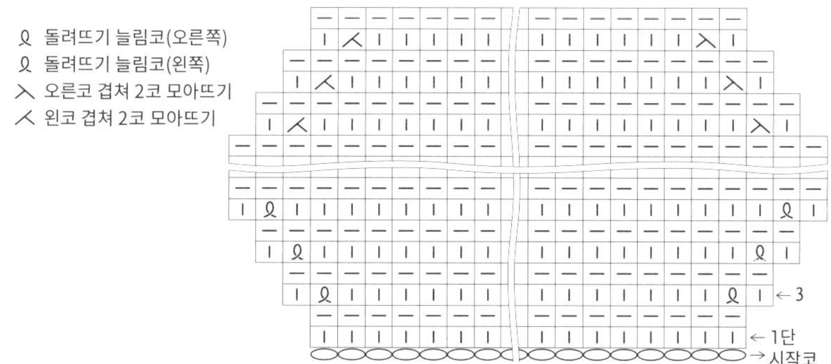

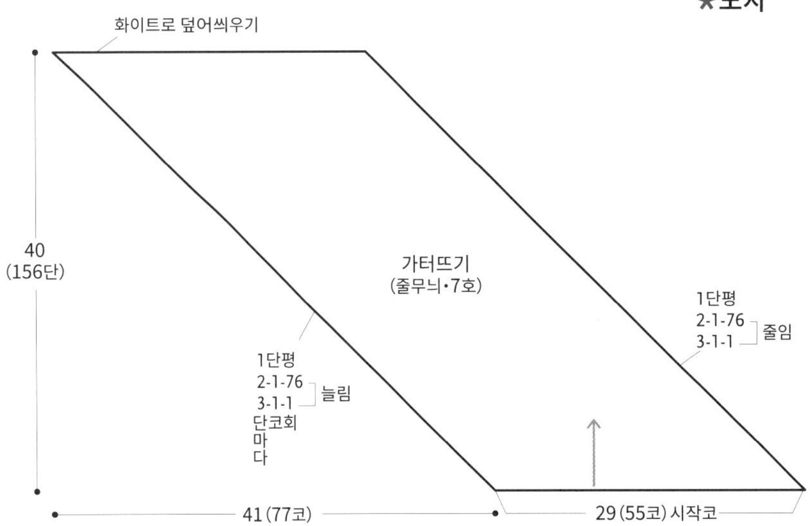

가터뜨기의 줄무늬 넣는 법

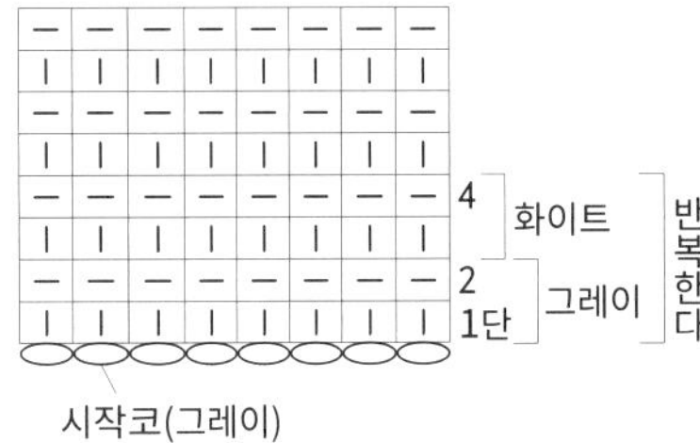

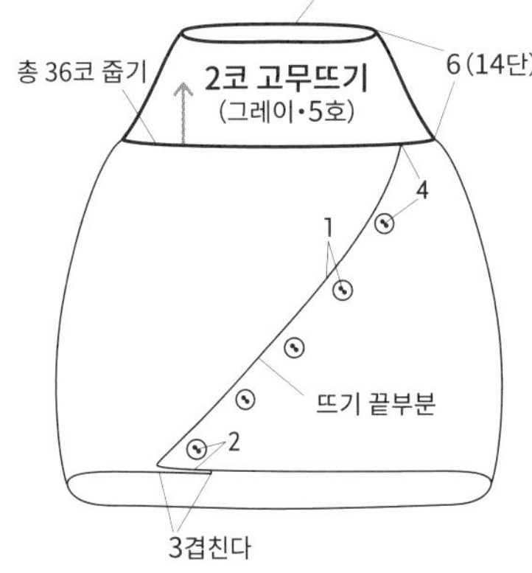

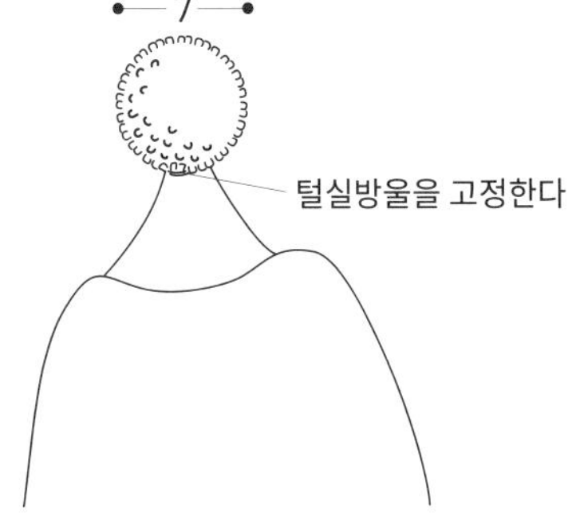

털실방울

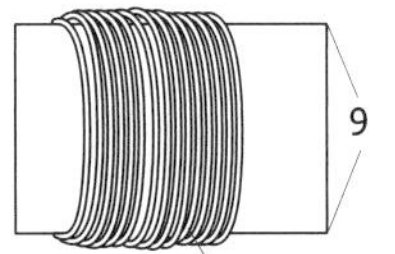

↓

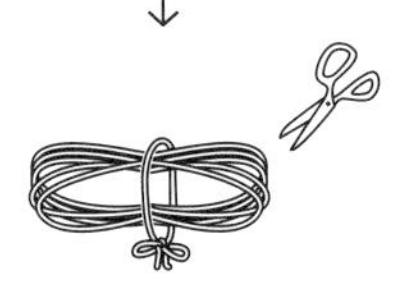

대지를 닮은 스웨터　p.36, 37

- ★ **실**　브리티시 에로이카 그린(197) 210g, 네이비 블루(101) 120g, 레드(116) 50g,
  베이지(182) 40g, 다크 브라운(161) 30g, 터쿼이즈 블루(190), 그레이(199),
  블루 그린(184), 라이트 그레이(187) 각20g, 화이트(125), 퍼플(188), 블랙(122),
  딥 핑크(189), 블루(198), 옐로(191), 브릭 레드(201), 바이올렛(183) 각10g
- ★ **바늘**　8mm 60cm 줄바늘, 15호 대바늘
- ★ **게이지**(10×10cm)　11코×15단
- ★ **사이즈**　가슴둘레 110cm, 옷길이 54cm

✚ **뜨개 포인트**

뒤 몸판의 안메리야스뜨기 부분은 그린과 네이비 블루 각 1가닥씩 2가닥,
그 외에는 각 색상을 각각 2가닥으로 사용한다.
손가락에 실을 걸어서 만드는 시작코로 뜨개를 시작한다.
앞 몸판은 되돌아뜨기(p.39의 랩앤턴 방법)로 뜬다.

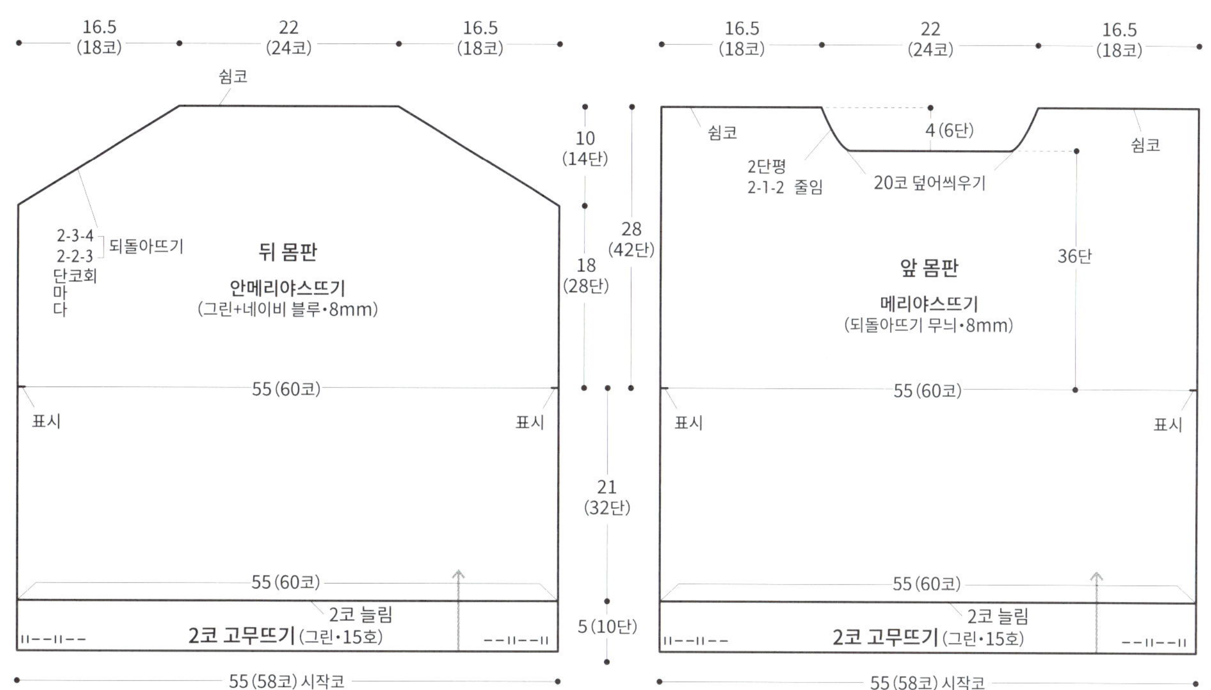

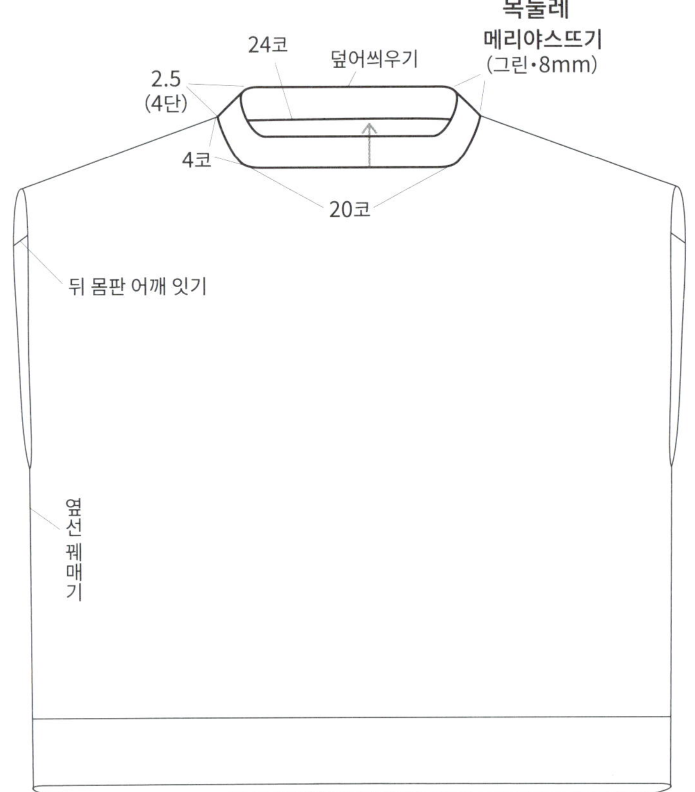

배색과 뜨는 순서

순서	색	색번호
⑰	그린	197
⑯	화이트	125
⑮	퍼플	188
⑭	터쿼이즈 블루	190
⑬	블랙	122
⑫	그레이	199
⑪	딥 핑크	189
⑩	베이지	182
⑨	블루	198
⑧	다크 브라운	161
⑦	레드	116
⑥	옐로+베이지	191＋182
⑤	브릭 레드	201
④	블루 그린	184
③	라이트 그레이	187
②	바이올렛	183
①	그린	197

○ 숫자는 뜨는 순서
각각 2가닥
⑥은 각 1가닥씩 2가닥

오른쪽 아래로 이어진다

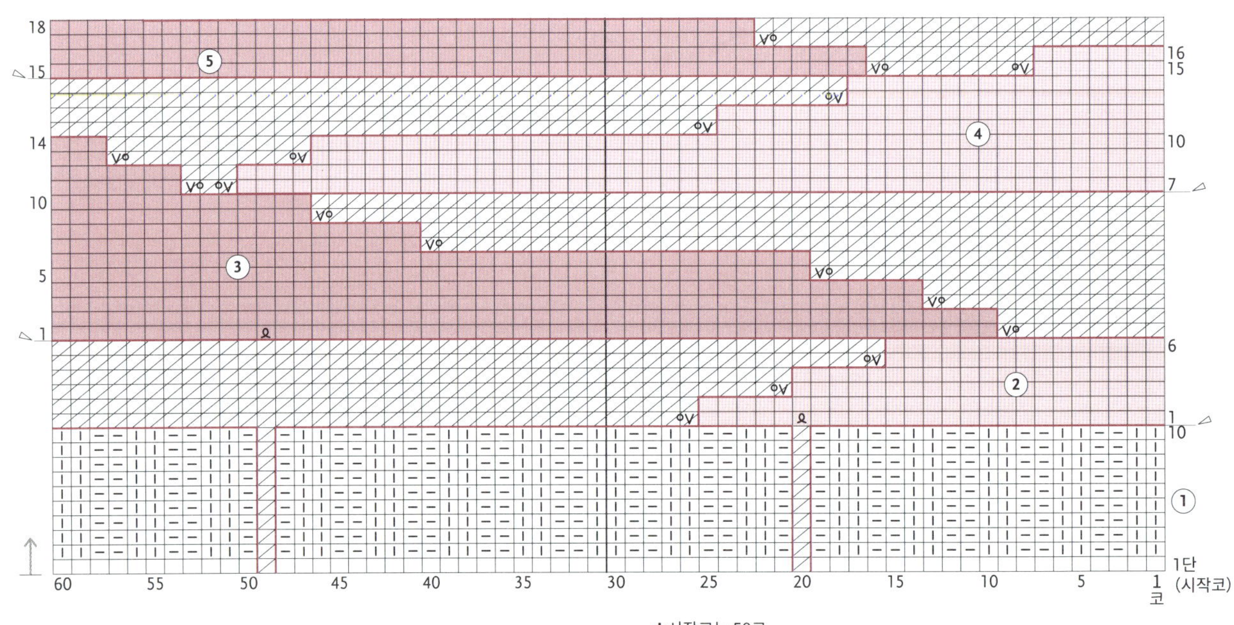

되돌아뜨기 무늬

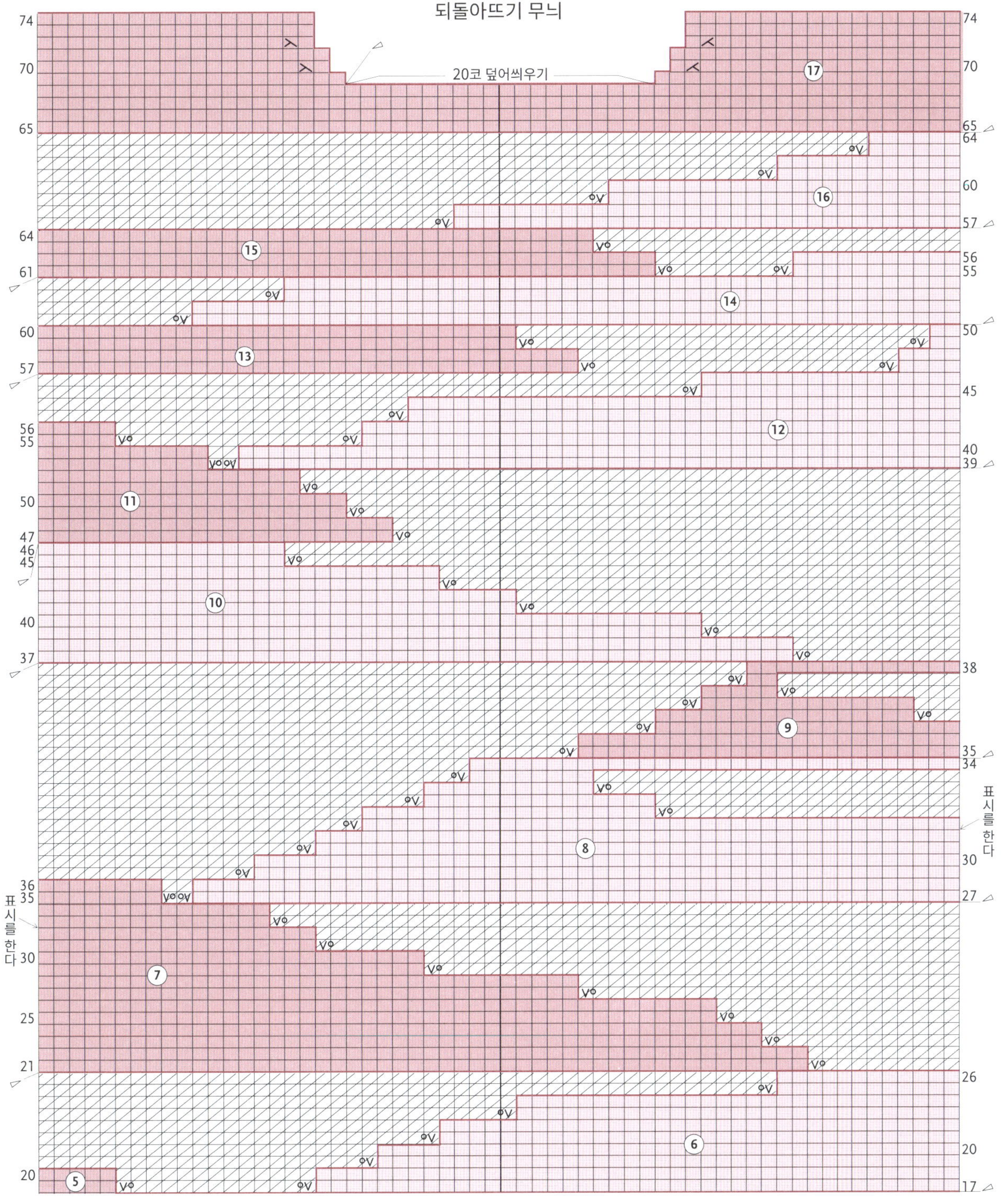

○∨ , ∨○= 랩앤턴

거센 파도와 생명의 나무 아란 카디건 p.4

★**실**   브리티시 에로이카 핑크(180) 790g
★**부재료**   지름 2cm 단추 8개
★**바늘**   10호, 8호, 7호 대바늘
★**게이지**(10×10cm) 무늬뜨기A, B 20.5코×22단
★**사이즈**   가슴둘레 108cm, 옷길이 63.5cm, 소매길이 78.5cm

✚ **뜨개 포인트**

앞뒤 몸판의 무늬뜨기는 p.84, 85, 소매는 p.87을 참조한다.
손가락에 실을 걸어서 만드는 시작코로 뜨개를 시작한다.
몸판은 밑단에서부터 18단까지는 8호 대바늘, 그 이후는 10호로 뜬다.
좌우 앞 몸판은 기호도의 중심에서 나눠서 대칭으로 뜨는데, 앞중심 쪽에 1코 늘리고 이 코는 겉뜨기로 뜬다.
소매는 좌우대칭으로 2장 뜬다.
앞여밈단은 2개를 뜨는데, 그중 1개(위쪽 앞 몸판 쪽)는 단춧구멍을 내면서 뜬다.
마무리의 처음은 소매와 몸판의 래글런선을 꿰맨 뒤 목둘레에서 코줍기를 해서 목둘레를 뜨고, 앞여밈단은 꿰매서 이어준다.
옆선, 소맷단, 진동둘레 아래쪽의 덮어씌운 코를 꿰매서 이어준 뒤 단추를 단다.

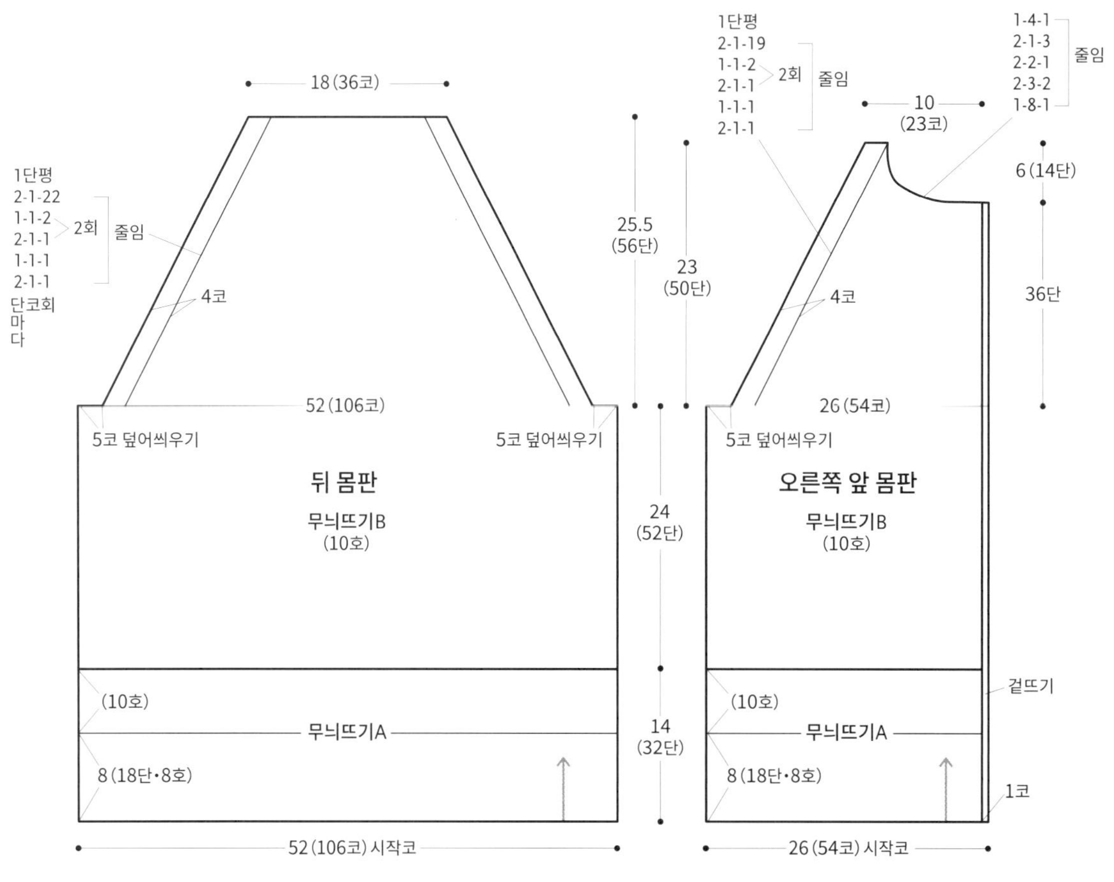

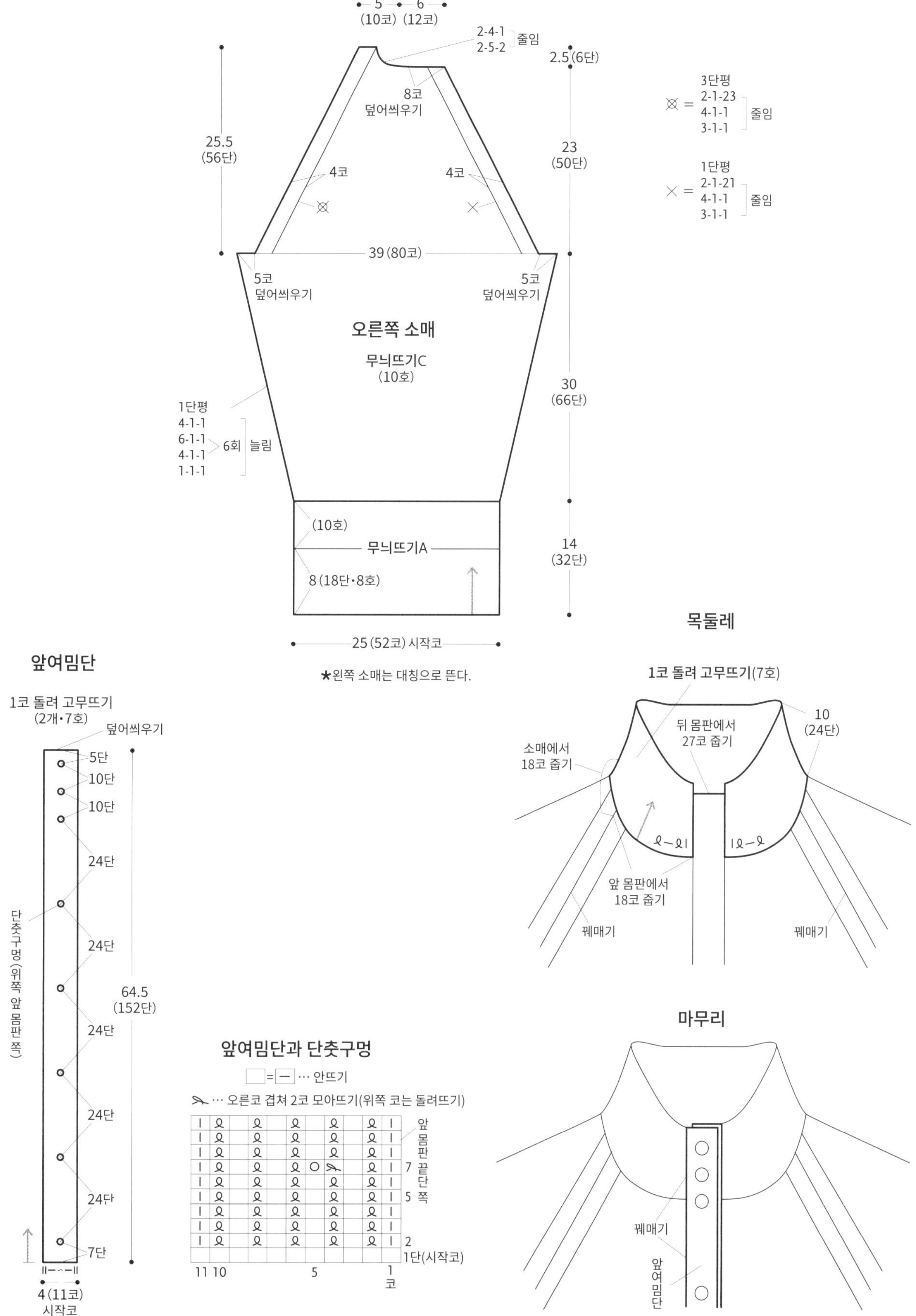

5 6
(10코) (12코)
2-4-1
2-5-2 줄임
2.5(6단)
8코
덮어씌우기
3단평
2-1-23
4-1-1 줄임
3-1-1
25.5
(56단)
23
(50단)
4코
4코
1단평
2-1-21
4-1-1 줄임
3-1-1
39(80코)
5코
덮어씌우기
5코
덮어씌우기
오른쪽 소매
무늬뜨기C
(10호)
30
(66단)
1단평
4-1-1
6-1-1
4-1-1 6회 늘림
1-1-1
(10호)
무늬뜨기A
8(18단·8호)
14
(32단)
목둘레
25(52코) 시작코
★왼쪽 소매는 대칭으로 뜬다.
앞여밈단
1코 돌려 고무뜨기(7호)
1코 돌려 고무뜨기
(2개·7호)
덮어씌우기
뒤 몸판에서
27코 줍기
10
(24단)
5단
10단
소매에서
18코 줍기
10단
24단
앞 몸판에서
18코 줍기
단춧구멍(위쪽 앞 몸판 쪽)
24단
꿰매기
꿰매기
24단
64.5
(152단)
24단
앞여밈단과 단춧구멍
마무리
24단
□=─ … 안뜨기
… 오른코 겹쳐 2코 모아뜨기(위쪽 코는 돌려뜨기)
24단
앞
몸
판
7단
7 끝
단
쪽
꿰매기
5
4(11코)
시작코
2
앞여밈단
1단(시작코)
11 10 5 1
코
81

거센 파도와 생명의 나무 아란 카디건　　p.5

- ★**실**　　브리티시 에로이카 블루(198) 650g
- ★**부재료**　지름 2.2cm 단추 6개
- ★**바늘**　　10호, 8호, 7호 대바늘
- ★**게이지**(10×10cm)　무늬뜨기A, B 20.5코×22단
- ★**사이즈**　가슴둘레 95cm, 옷길이 55cm, 소매길이 77cm

✚ 뜨개 포인트

앞뒤 몸판의 무늬뜨기는 p.86, 소매는 p.87을 참조한다.
손가락에 실을 걸어서 만드는 시작코로 뜨개를 시작한다.
몸판은 밑단에서부터 18단까지는 8호 대바늘, 그 이후는 10호로 뜬다.
좌우 앞 몸판은 기호도의 중심에서 나눠서 대칭으로 뜨는데, 앞중심 쪽에 1코 늘리고 이 코는 겉뜨기로 뜬다.
소매는 좌우대칭으로 2장 뜬다.
앞여밈단은 2개를 뜨는데, 그중 1개(위쪽 앞 몸판 쪽)는 단춧구멍을 내면서 뜬다.
마무리의 처음은 소매와 몸판의 래글런선을 꿰맨 뒤 목둘레에서 코줍기를 해서 목둘레를 뜨고, 앞여밈단은 꿰매서 이어준다.
옆선, 소맷단, 진동둘레 아래쪽의 덮어씌운 코를 꿰매서 이어준 뒤 단추를 단다.

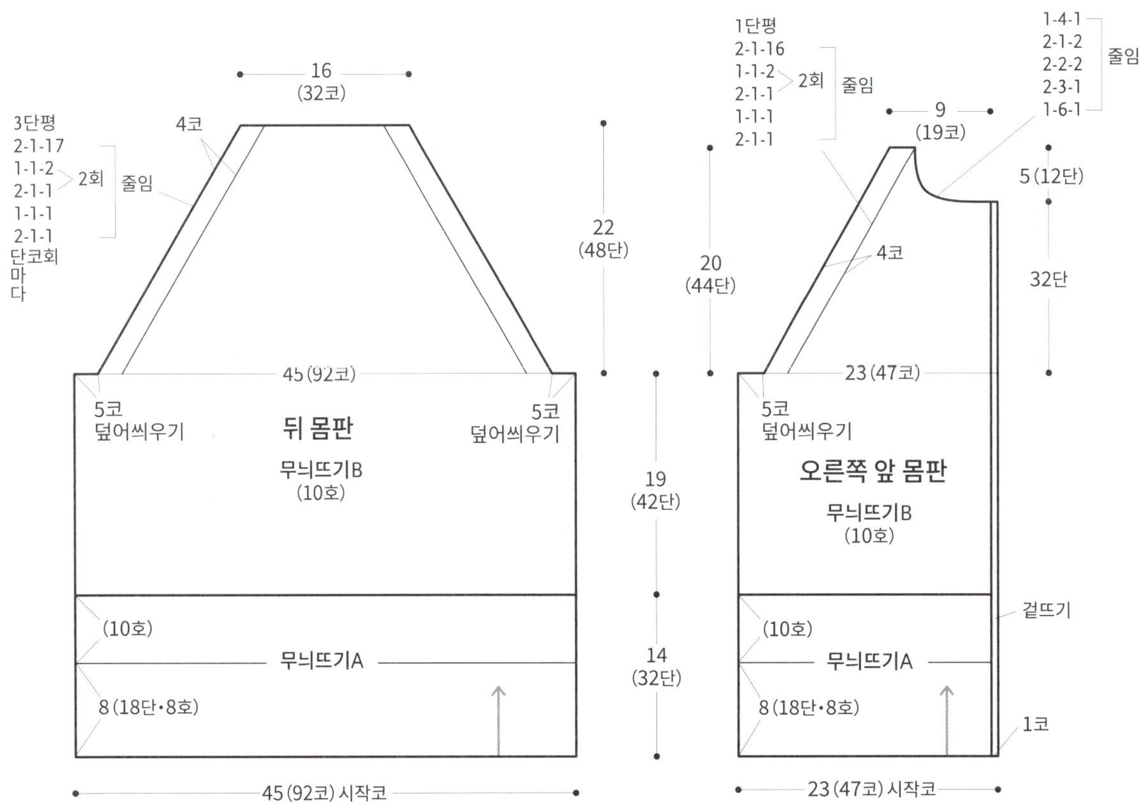

⊠ = 3단평 2-1-17 4-1-2 3-1-1 줄임

× = 1단평 2-1-15 4-1-2 3-1-1 줄임

★왼쪽 소매는 대칭으로 뜬다.

앞여밈단

앞여밈단과 단춧구멍

□=— … 안뜨기

… 오른코 겹쳐 2코 모아뜨기(위쪽 코는 돌려뜨기)

목둘레의 코줍기와 마무리

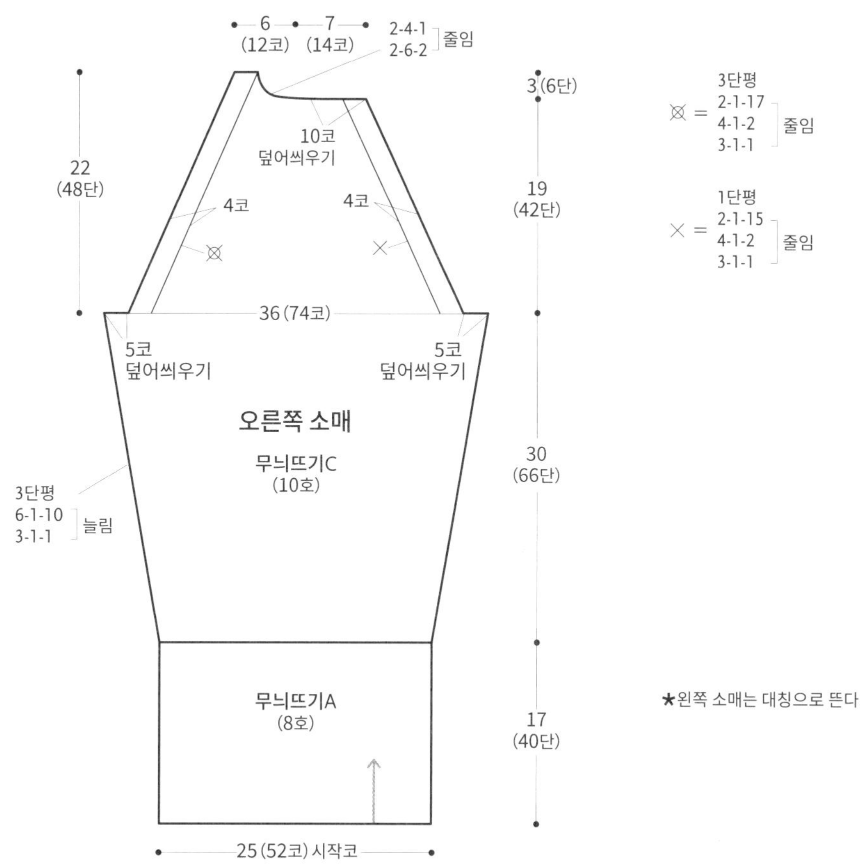

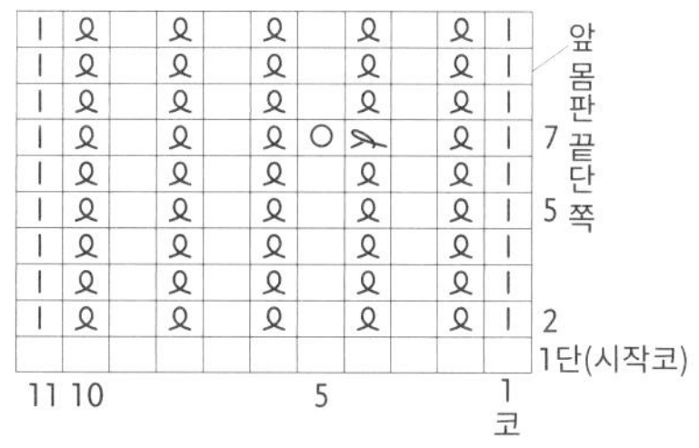

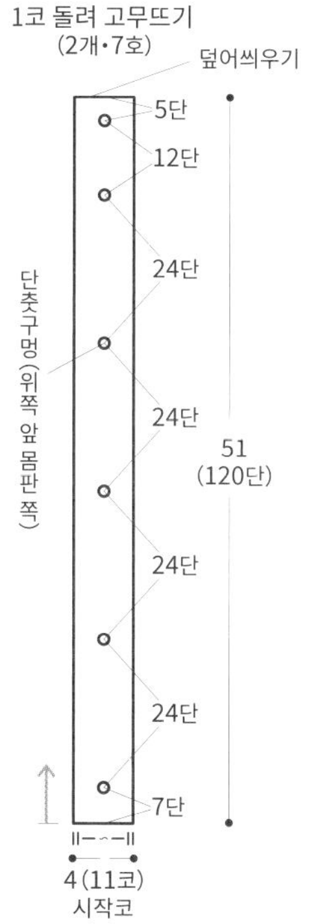

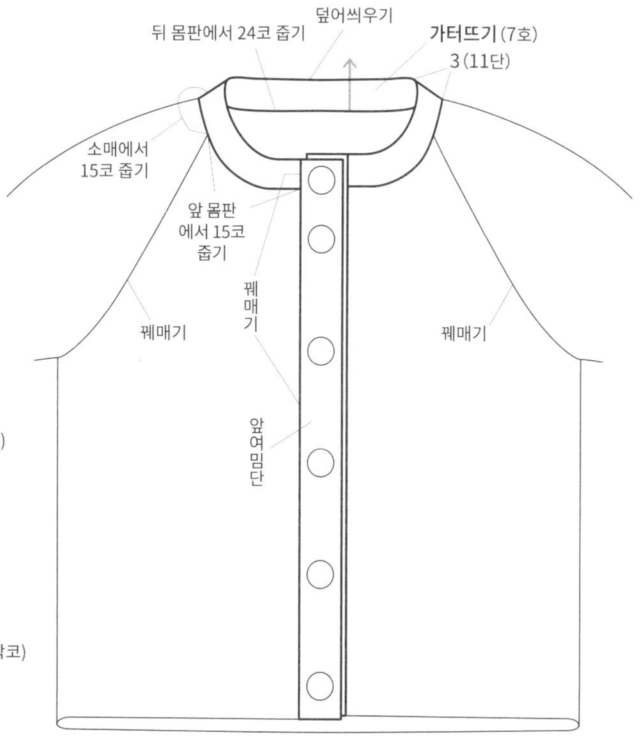

p.4 앞뒤 몸판
앞 몸판
앞 몸판
중심
앞 몸판
오른쪽 페이지와 이어진다
□ = − … 안뜨기
중심
앞 몸판 끝단

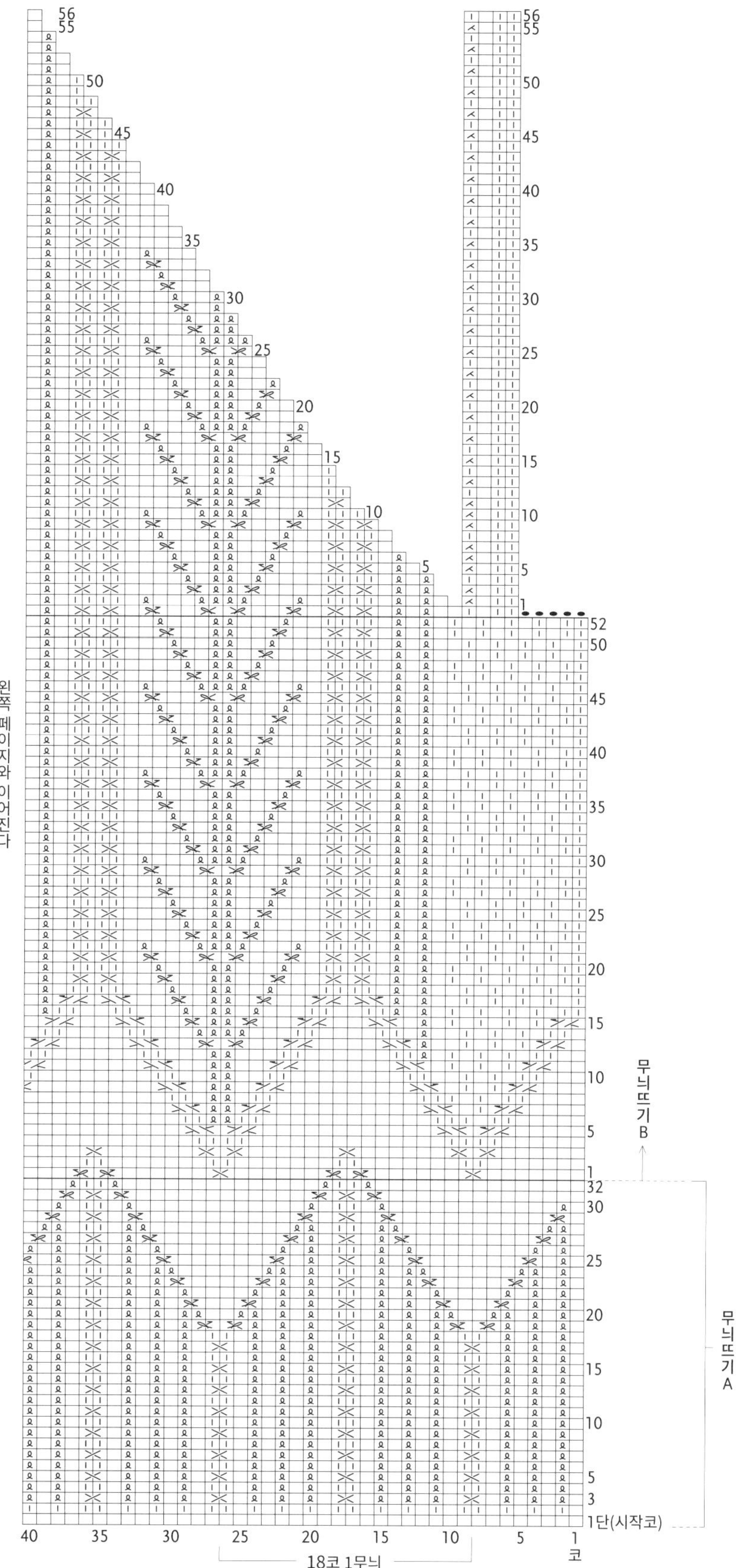

왼쪽 페이지와 이어진다
무늬뜨기 B
무늬뜨기 A
18코 1무늬
1단(시작코)
코

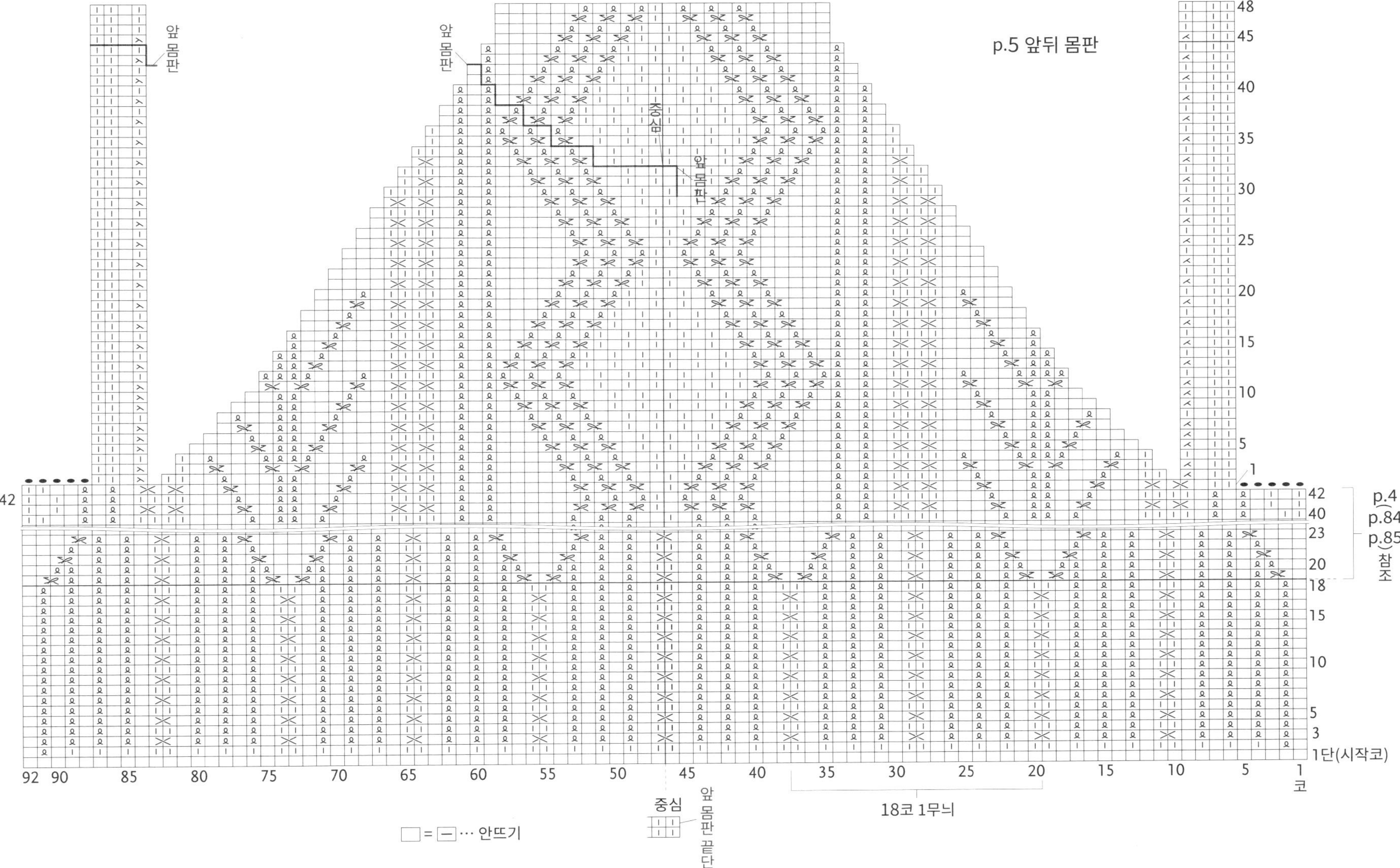

p.5 앞뒤 몸판
앞 몸판
앞 몸판
중심
앞 몸판
p.4
p.84
p.85
참조
중심
앞 몸판 끝단
18코 1무늬
1단(시작코)
코
□ = - … 안뜨기

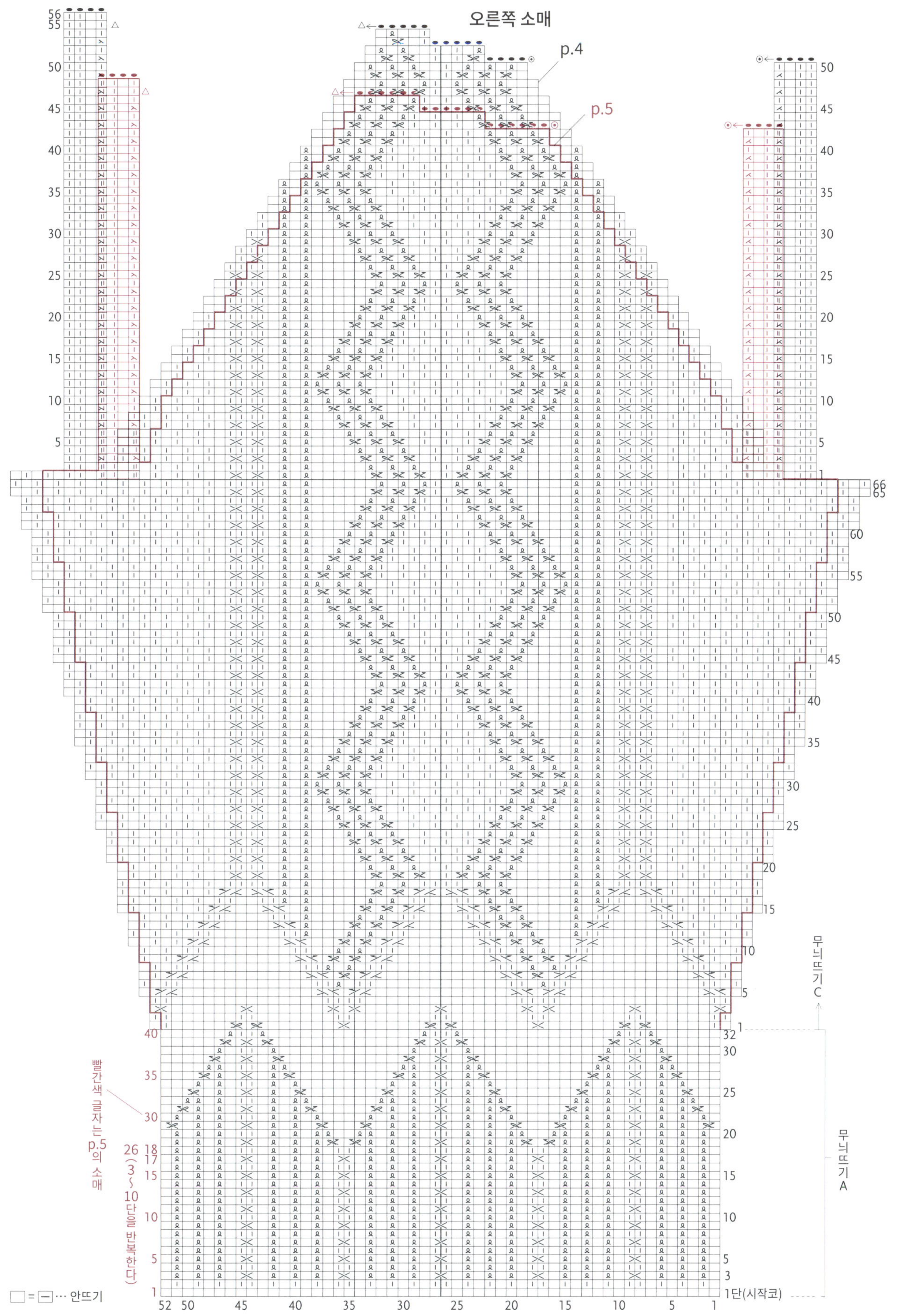

오른쪽 소매
p.4
p.5
무늬뜨기 C
무늬뜨기 A
무늬뜨기 B
빨간색 글자는 p.5의 소매
26(3~10단을 반복한다)
1단(시작코)
□ = □ … 안뜨기

거센 파도 아란 모자 p.6, 7

- ★**실**　브리티시 에로이카 p.6 오렌지(186) 90g, p.7 그린(197) 90g
- ★**부재료**　p.6 지름 1.2cm 단추 1개
- ★**바늘**　8호 대바늘
- ★**게이지**(10×10cm)　무늬뜨기 20.5코×22단
- ★**사이즈**　머리둘레 53cm

✚ **뜨개 포인트**

손가락에 실을 걸어서 만드는 시작코로 뜨개를 시작한다.
무늬뜨기로 뜨기 시작하며, 톱은 중간 줄임코로 뜬다.
뜨기 끝부분은 처음에 안뜨기만 실을 통과시키고, 이후에 겉뜨기에 실을 통과시켜 조인다.
뒤중심을 꿰매서 이어준다. P.6의 모자는 뒤 몸판을 꿰맬 때 슬릿을 남긴다.
단춧구멍은 해당 위치의 코를 잡아당겨서 넓힌 뒤 주위를 감침질한다.

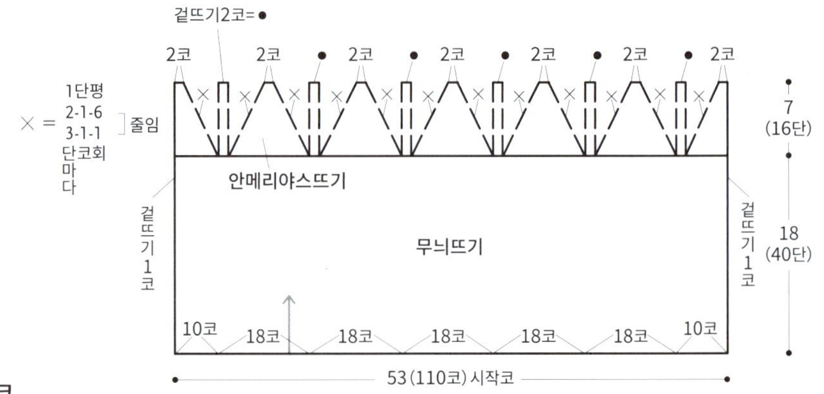

무늬뜨기와 톱의 줄임코

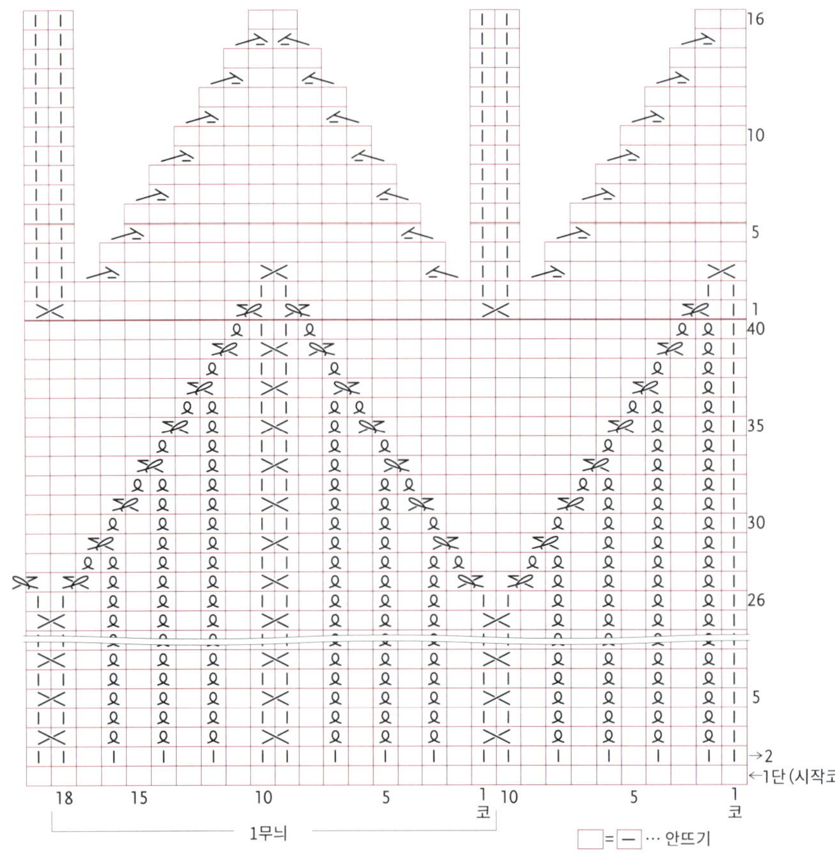

p.6의 모자

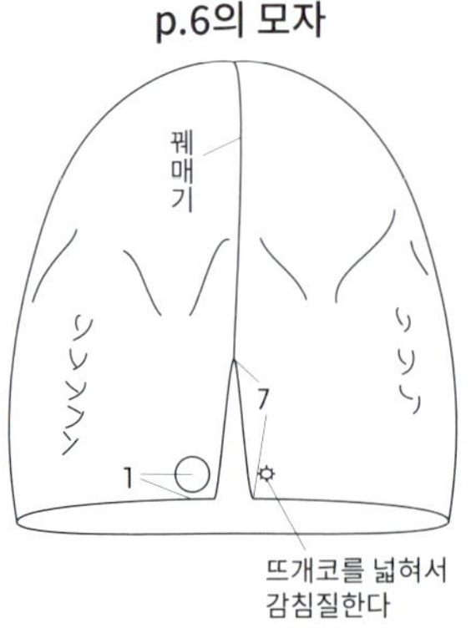

p.7의 모자

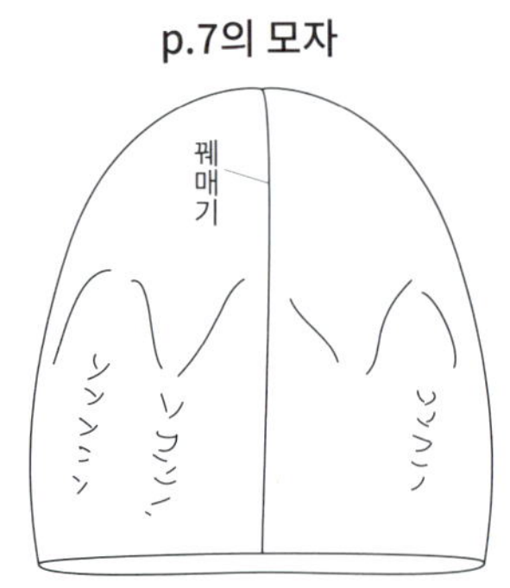

✦ 시작코

[손가락에 실을 걸어 코 만드는 방법]

1

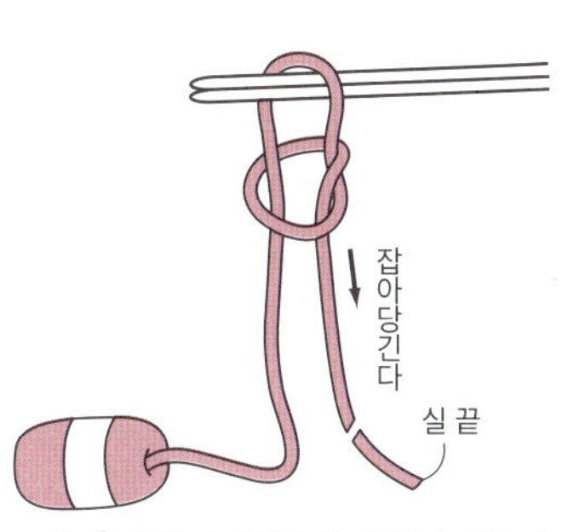

첫째 코를 손가락으로 만들어 바늘에
옮긴 뒤 실을 잡아당긴다.

2

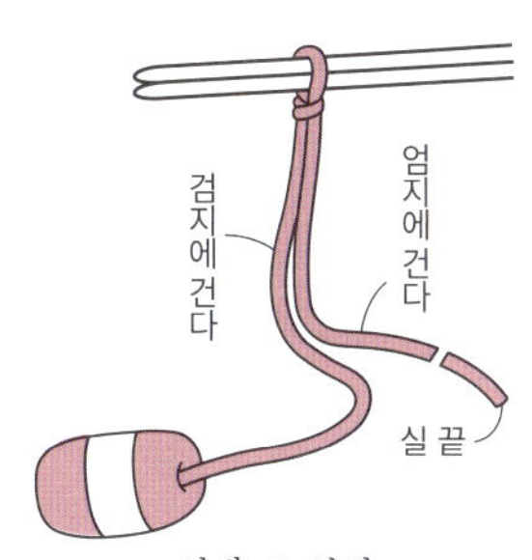

첫째 코 완성.

3

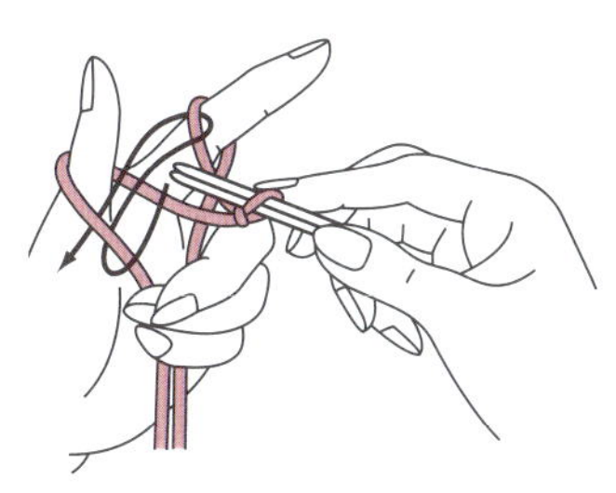

화살표처럼 바늘을 넣고
검지에 걸려 있는 실을 끌어낸다.

4

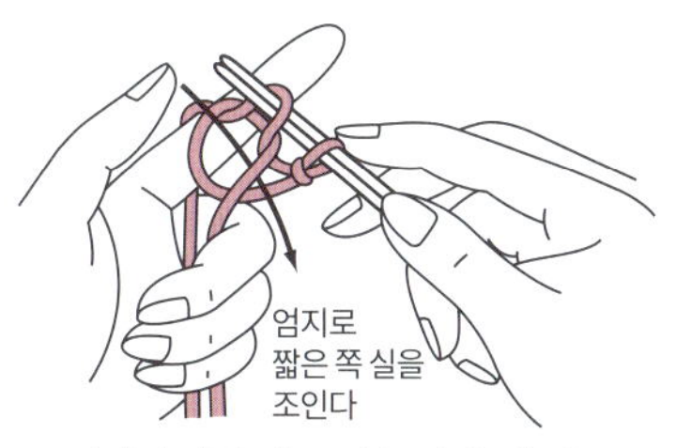

엄지에 걸려 있는 실을 일단 뺀 뒤
화살표처럼 다시 엄지를 넣고 코를 조인다.

5

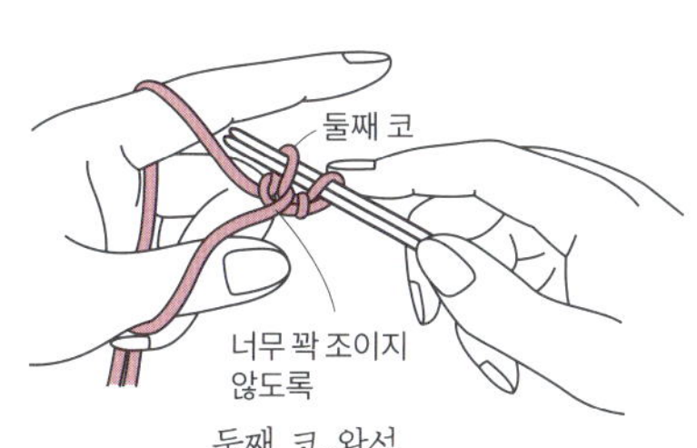

둘째 코 완성.

6

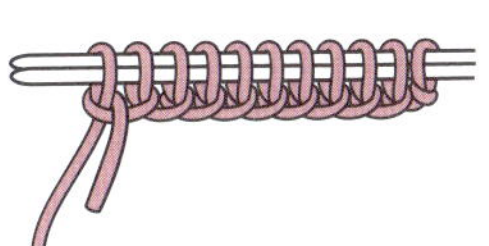

완성. 바늘 1개를 뺀 뒤 왼손에
바꿔 잡고 둘째 단을 뜬다.

[별도의 실을 사용하여 코 만드는 방법]

1

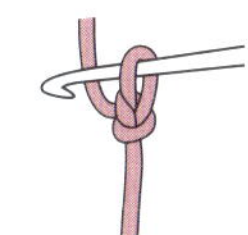

뜨개실과 비슷한 굵기의 면사
로 사슬뜨기를 한다.

2

느슨하게 필요한 콧수보다 2, 3코
더 많이 뜬다.

3

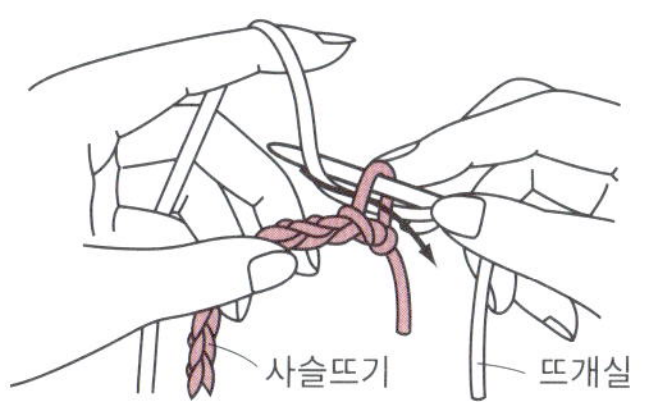

뜨기 시작 부분의 사슬코 뒷산에 화살표처럼
바늘을 넣고 뜨개실을 끌어낸다.

4

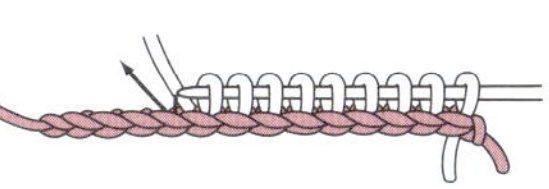

필요한 콧수만큼 주워 나간다.

5

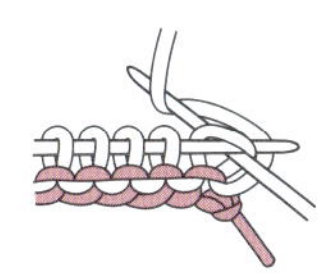

편물을 뒤집은 뒤 첫째 단을 뜬다.
──겉뜨기

6

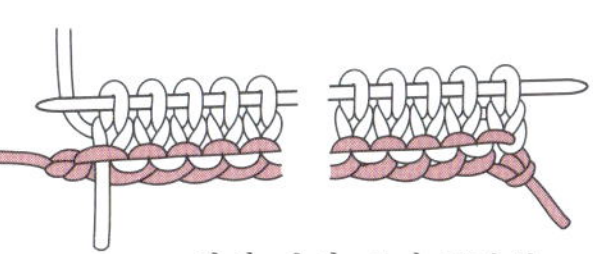

첫째 단의 뜨기 끝부분.

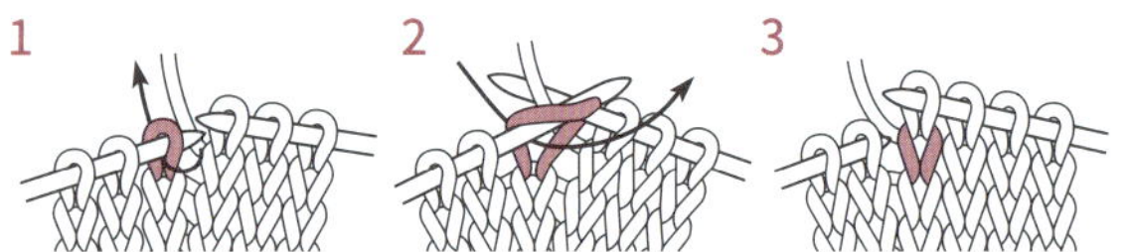

| 겉코… 겉뜨기 , 메리야스뜨기라고도 한다 . |

1 실을 뒤쪽에 둔 뒤 앞쪽에서 오른쪽 바늘을 왼쪽 바늘의 코에 넣는다.

2 오른쪽 바늘에 실을 걸고 화살표처럼 끌어낸다.

3 끌어내면서 왼쪽 바늘에서 코를 뺀다.

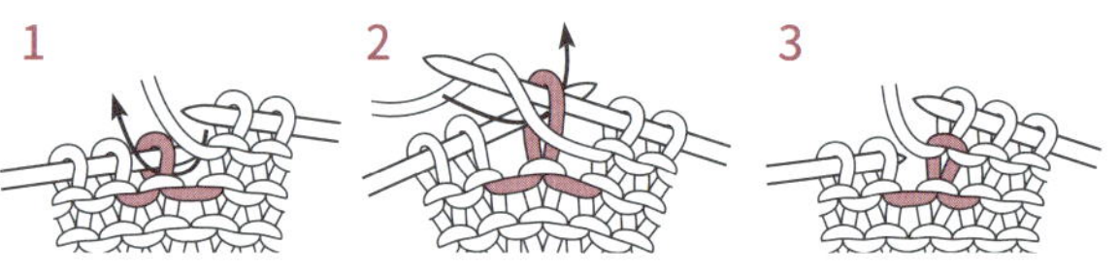

| 안코… 안뜨기 , 안메리야스뜨기라고도 한다 . |

1 실을 앞쪽에 둔 뒤 왼쪽 바늘의 코 뒤쪽에서 오른쪽 바늘을 넣는다.

2 오른쪽 바늘에 실을 걸고 화살표처럼 끌어낸다.

3 끌어내면서 왼쪽 바늘에서 코를 뺀다.

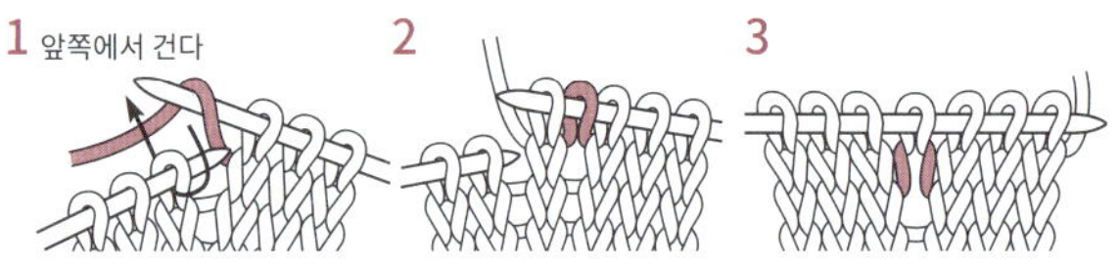

| 걸기코… 늘림코 , 비침무늬 , 단춧구멍 등에 사용한다 . |

1 앞쪽에서 건다

2

3

실을 앞쪽에서 건 뒤 다음 코를 뜬다.

다음 단을 뜨면 걸기코 부분에 구멍이 생기며 1코 늘어난 상태가 된다.

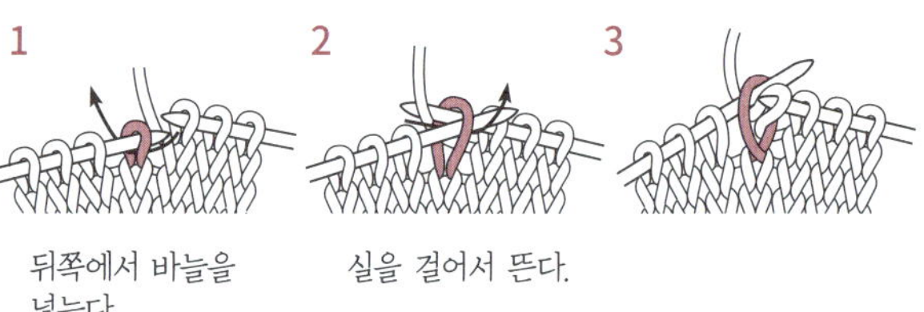

| 돌려뜨기… 걸기코로 늘린 경우나 무늬뜨기로도 사용한다 . |

1

2

3

뒤쪽에서 바늘을 넣는다.

실을 걸어서 뜬다.

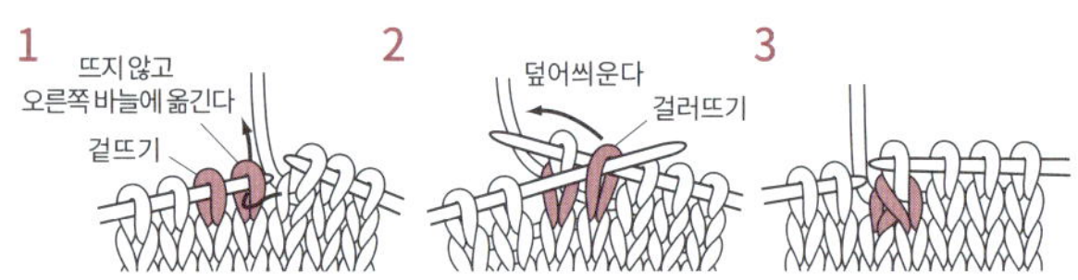

| 오른코 겹쳐 2 코 모아뜨기… 1 코 줄일 때의 테크닉 오른쪽 코가 위로 올라오게 뜬다 . |

1 뜨지않고 오른쪽 바늘에옮긴다 겉뜨기

2 덮어씌운다 걸러뜨기

3

앞쪽에서 오른쪽 바늘을 넣은 뒤 뜨지 않고 오른쪽 바늘에 옮긴다.

다음 코를 뜨고 옮긴 코(걸러뜨기 코)를 덮어씌운다.

1코 줄임코

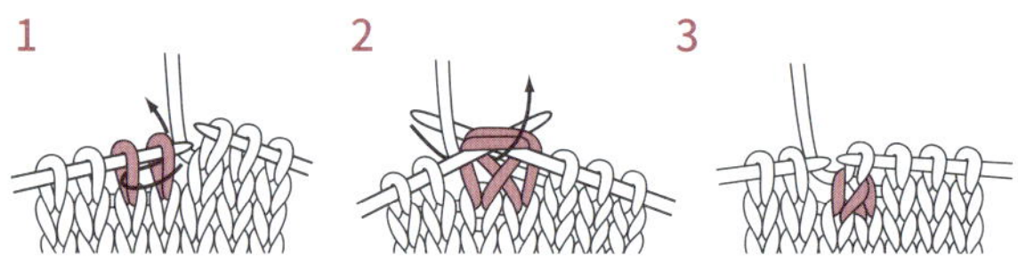

| 왼코 겹쳐 2 코 모아뜨기… 1 코 줄일 때의 테크닉 왼쪽 코가 위로 올라오게 뜬다 . |

1

2

3

앞쪽에서 오른쪽 바늘을 2코 한꺼번에 넣는다.

실을 걸어서 뜬다.

1코 줄임코

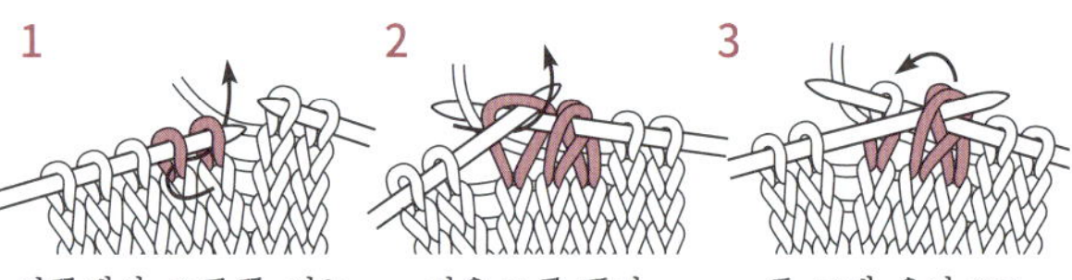

| 중심 3 코 모아뜨기… 비침무늬나 브이넥의 테두리뜨기 중심에 사용한다 . |

1

2

3

앞쪽에서 오른쪽 바늘을 2코 한꺼번에 넣은 뒤 뜨지 않고 그대로 오른쪽 바늘에 옮긴다.

다음 코를 뜬다.

뜬 코에 옮긴 2코를 덮어씌운다. 2코 줄임코

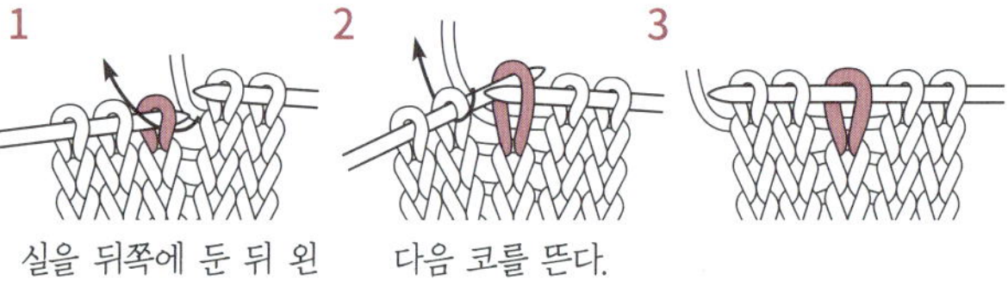

| 걸러뜨기… 무늬뜨기나 가장자리 코에 사용한다 . |

1

2

3

실을 뒤쪽에 둔 뒤 왼쪽 바늘의 1코를 뜨지 않고 오른쪽 바늘에 옮긴다.

다음 코를 뜬다.

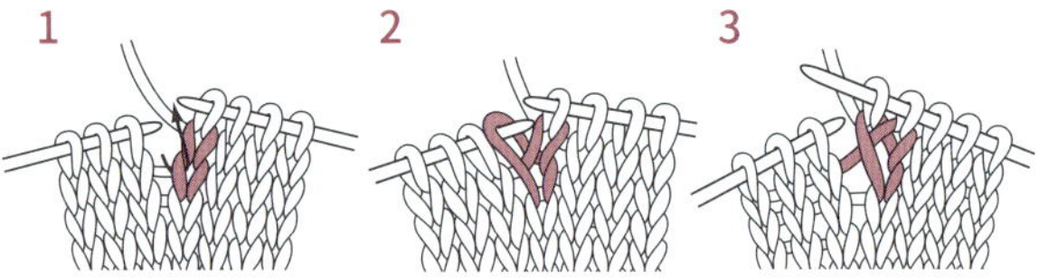

| 왼코 늘려뜨기… 왼쪽에 1 코를 늘릴 때의 테크닉 |

1

2

3

오른쪽 바늘의 2단 아래 코에 뒤쪽에서 왼쪽 바늘을 넣고 실을 걸어서 뜬다.

1코 늘림코

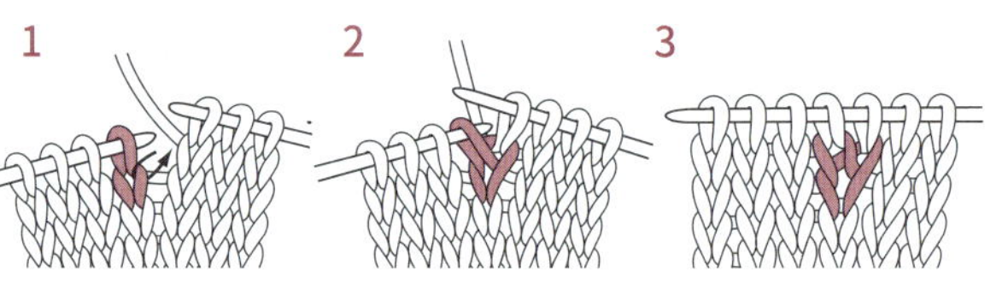

| 오른코 늘려뜨기… 오른쪽에 1 코를 늘릴 때의 테크닉 |

1

2

3

왼쪽 바늘의 1단 아래 코에 앞쪽에서 오른쪽 바늘을 넣고 실을 걸어서 뜬다.

왼쪽 바늘의 코도 뜬다.

1코 늘림코

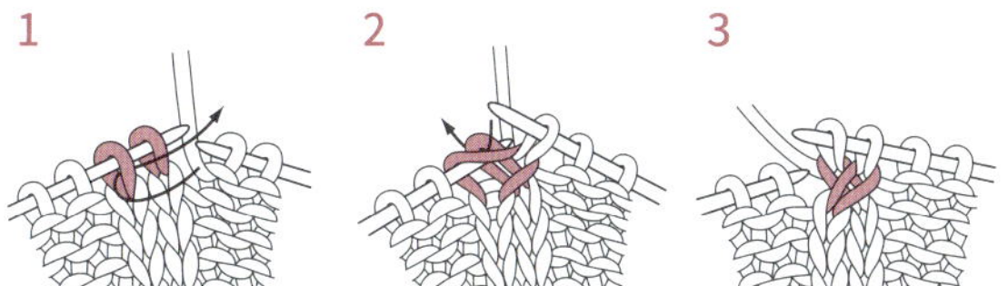

✕ 왼코 교차뜨기… 1 코와 1 코의 교차뜨기
왼쪽 코가 위로 올라오게 뜬다 .

1 **2** **3**

오른쪽 바늘을 다음 코
의 앞쪽을 통과시켜 화
살표처럼 1코 건너뛰어
넣은 뒤 겉뜨기를 뜬다.

건너뛴 코를 겉뜨기
로 뜬다.

✕ 오른코 교차뜨기… 1 코와 1 코의 교차뜨기
오른쪽 코가 위로 올라오게 뜬다 .

1 **2** **3**

오른쪽 바늘을 다음 코의
뒤쪽을 통과시켜 화살표처
럼 1코 건너뛰어 넣은 뒤
겉뜨기를 뜬다.

건너뛴 코를 겉뜨기
로 뜬다.

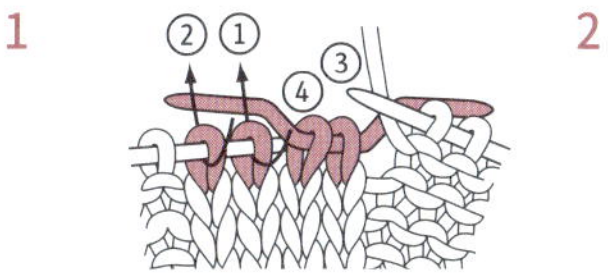
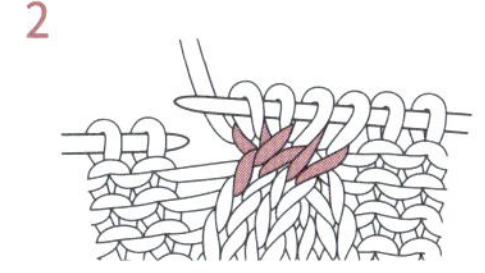

✕ 왼코 위 2 코 교차뜨기… 왼쪽 2 코가 위로 올라오게
교차시켜서 뜬다 .

1 **2**

③④의 코를 꽈배기바늘에 옮겨 뒤
에 두고 ①②코를 겉뜨기로 뜬다.

③④의 코를 뜬다.

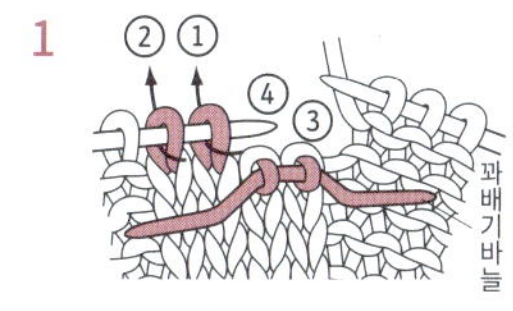
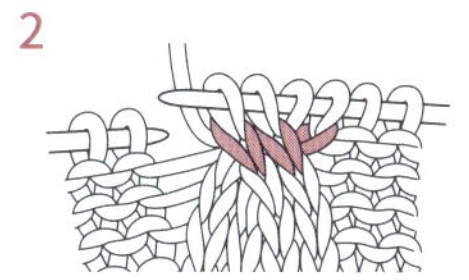

✕ 오른코 위 2 코 교차뜨기… 오른쪽 2 코가 위로 올라오게
교차시켜서 뜬다 .

1 **2**

③④의 코를 꽈배기바늘에 옮겨 앞
쪽에 두고 ①②코를 겉뜨기로 뜬다.

③④의 코를 뜬다.

✦ 감아코로 코 늘리기

오른쪽

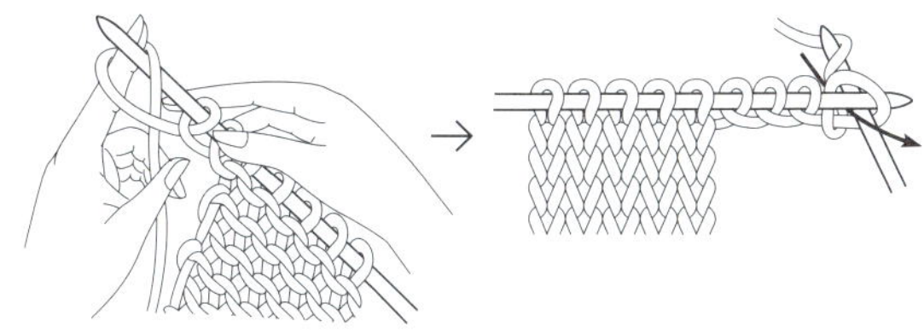

왼쪽

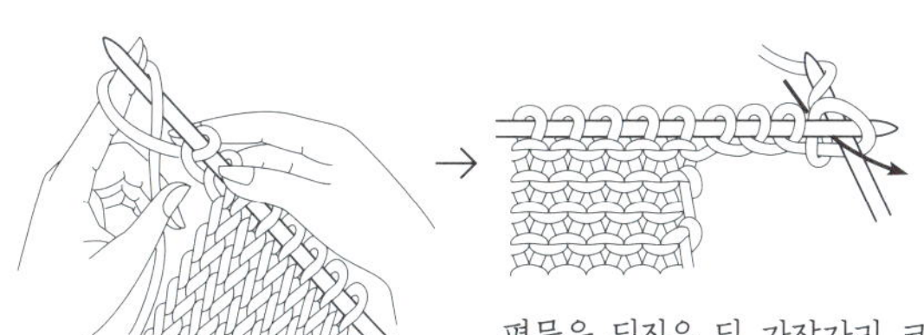

편물을 뒤집은 뒤 가장자리 코
는 안뜨기할 수 없으므로 겉뜨기
하고 다음 코부터 안뜨기한다.

✦ 돌려뜨기로 코 늘리기

1 **2** **3**

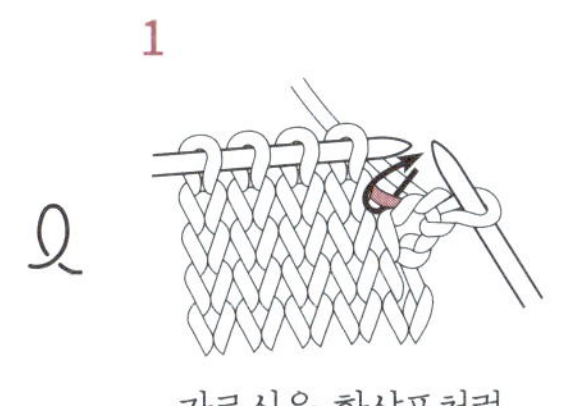
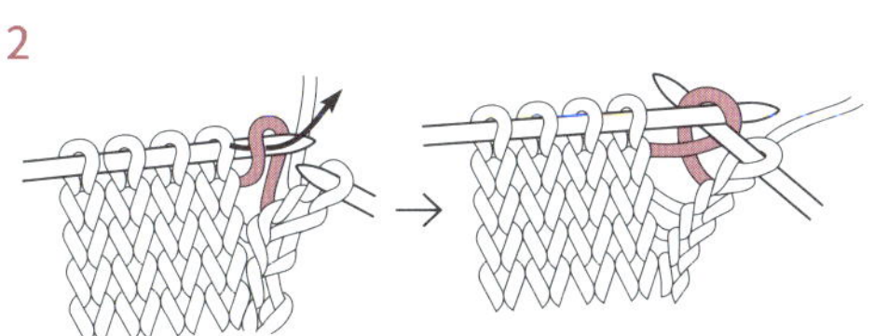

가로실을 화살표처럼
오른쪽 바늘로 건져서
왼쪽 바늘에 건다.

화살표처럼 오른쪽 바늘을 넣어 겉뜨기를 뜬다.

1 **2** **3**

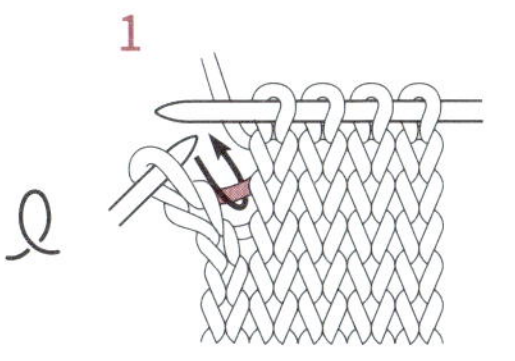
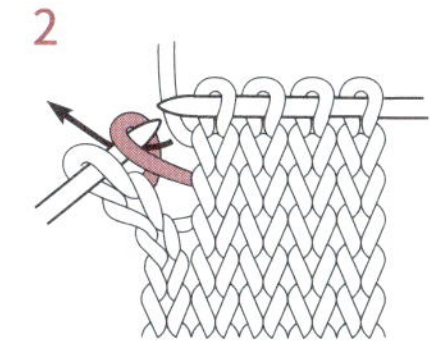
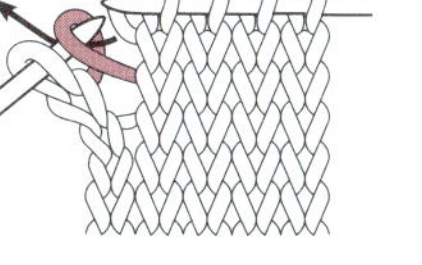
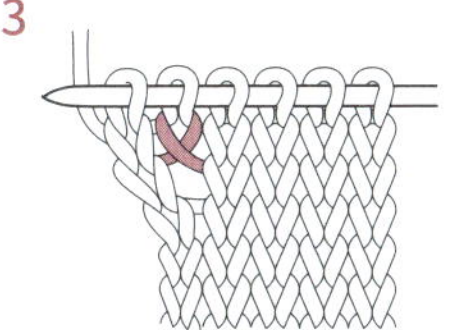

가로실을 왼쪽 바늘로
화살표처럼 건진다.

화살표처럼 오른쪽 바늘을 넣어
겉뜨기를 뜬다

◆ 코 막는 법

1

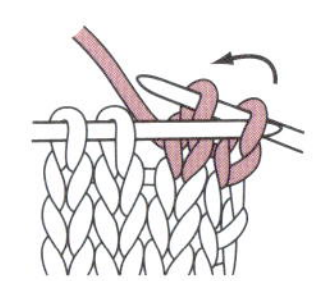

가장자리 2코를 겉뜨기로 뜬 뒤 첫째 코를 둘째 코에 덮어씌운다.

2

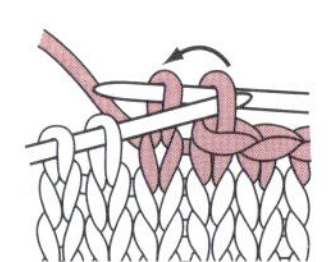

겉뜨기를 뜨고 덮어씌우는 과정을 반복한다.

3

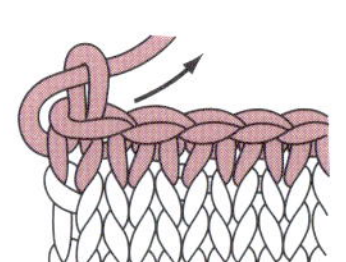

마지막 코에 실을 통과시켜 코를 조인다.

1

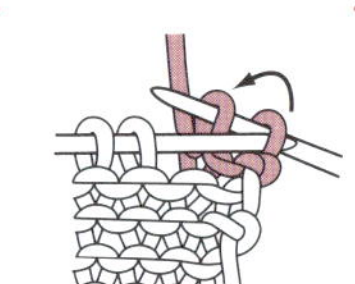

가장자리 2코를 안뜨기로 뜬 뒤 첫째 코를 둘째 코에 덮어씌운다.

2

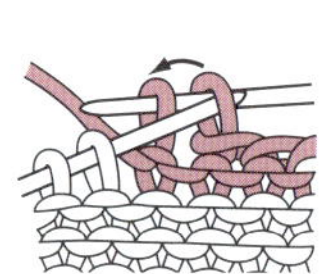

안뜨기를 뜨고 덮어씌우는 과정을 반복한다.

3

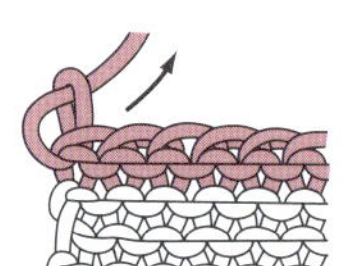

마지막 코에 실을 통과시켜 코를 조인다.

… 코바늘을 사용하여 코를 막는 방법으로 , 막은 코의 상태는 덮어씌워 코막음과 같다 .

1

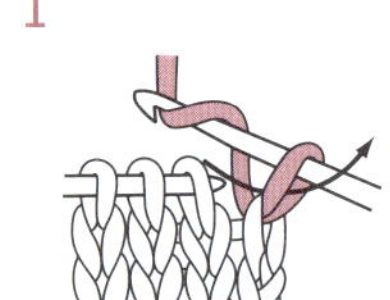

가장자리 2코에 그림처럼 돗바늘을 넣는다.

2

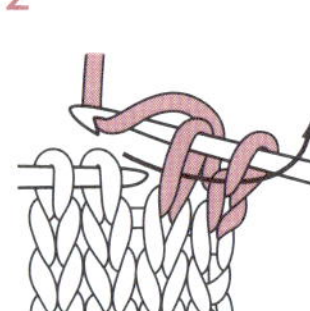

되돌아와서 오른쪽 첫 번째 코와 세 번째 코에 돗바늘을 넣어 실을 빼낸다.

3

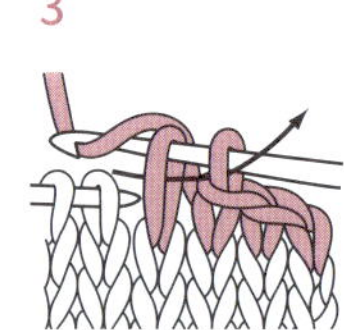

다시 돌아와서 오른쪽 두 번째 코와 네 번째 코에 돗바늘을 넣어 실을 빼낸다.

4

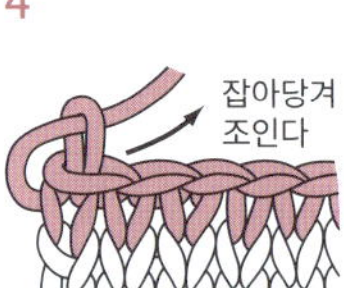

1

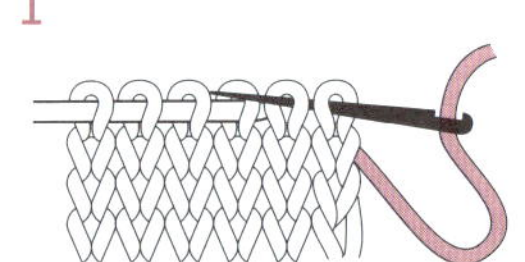

가장자리 2코에 그림처럼 돗바늘을 넣는다.

2

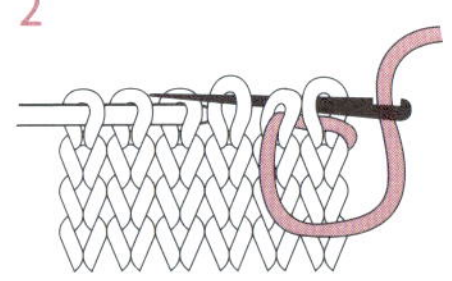

되돌아와서 오른쪽 첫 번째 코와 세 번째 코에 돗바늘을 넣어 실을 빼낸다.

3

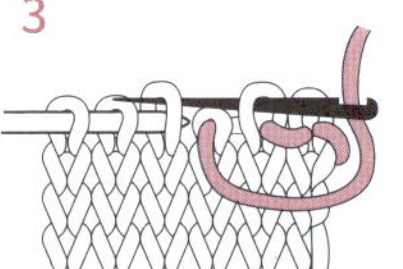

다시 돌아와서 오른쪽 두 번째 코와 네 번째 코에 돗바늘을 넣어 실을 빼낸다.

4

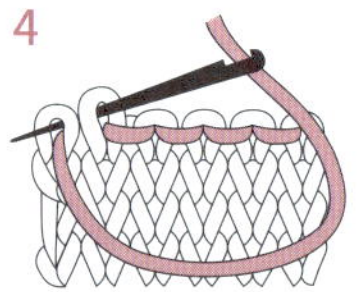

마지막은 그림처럼 돗바늘을 넣는다.

5

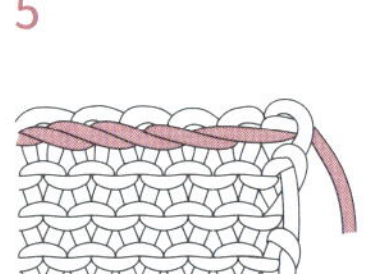

완성(안면).

◆ 잇는 법

1

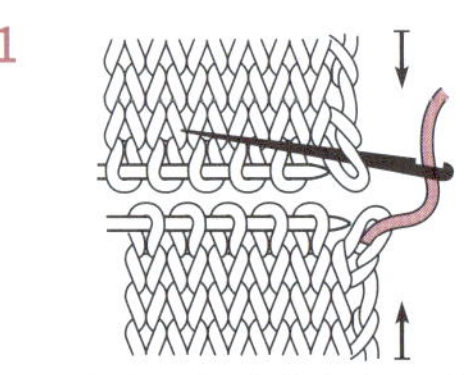

아래쪽의 가장자리 코에서 실을 뺀 뒤 위쪽의 가장자리 코에 돗바늘을 넣는다.

2

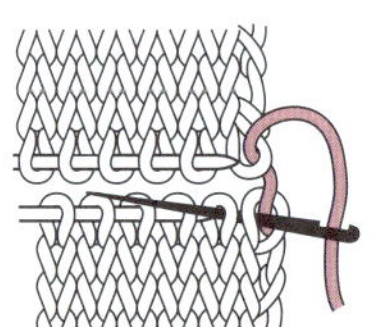

아래쪽의 가장자리 코로 돌아와서 그림처럼 돗바늘을 넣는다.

3

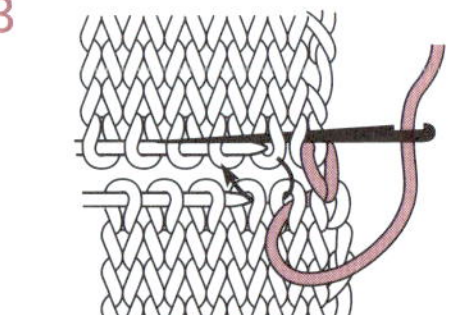

그림처럼 위쪽의 가장자리 코와 다음 코에 돗바늘을 넣은 뒤 다시 화살표처럼 돗바늘을 넣어 실을 빼낸다.

4

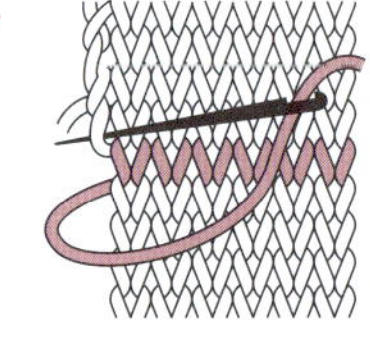

2, 3 을 반복하여 이어준 뒤 마지막 코에 돗바늘을 넣어 실을 빼낸다. 반 코 어긋난 상태가 된다.

1

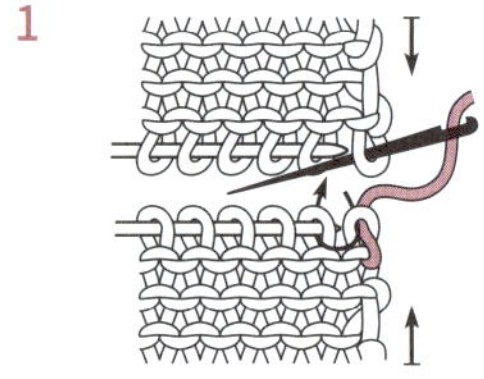

아래쪽의 가장자리 코의 뒤쪽으로 실을 뺀 뒤, 위쪽 가장자리 코에 돗바늘을 넣고 화살표 방향으로 실을 빼낸다.

2

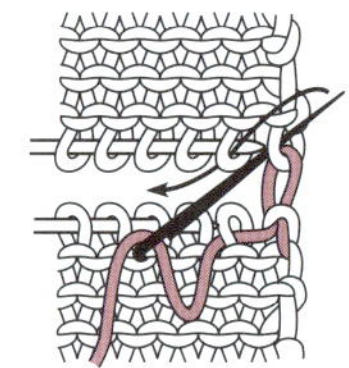

위쪽의 가장자리 코로 돌아와 그림처럼 돗바늘을 넣은 뒤 화살표처럼 다시 실을 빼낸다.

3

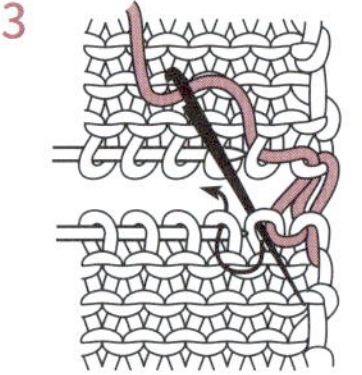

2, 3 을 반복한다.

4

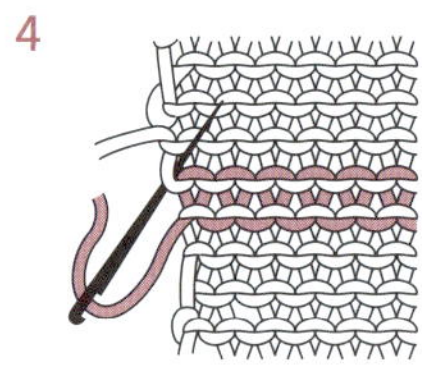

마지막 코에 돗바늘을 넣어 실을 빼낸다.

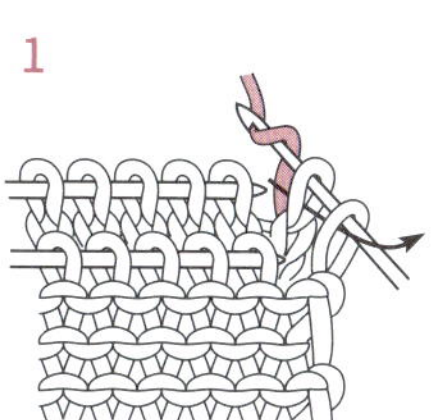

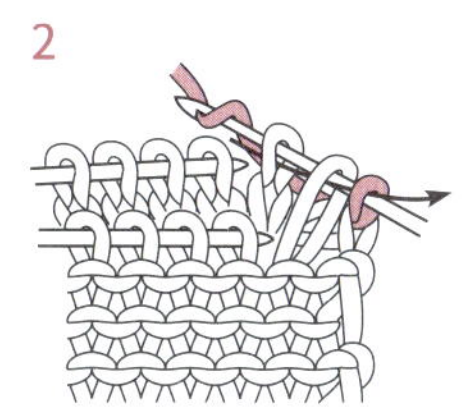

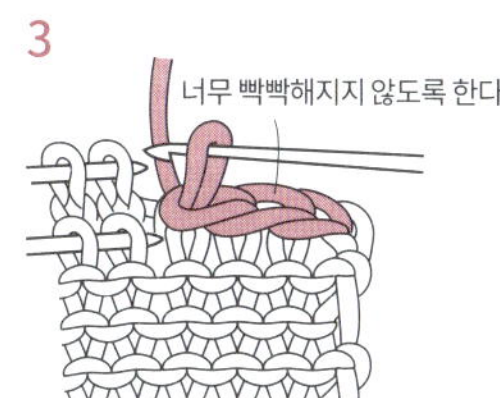

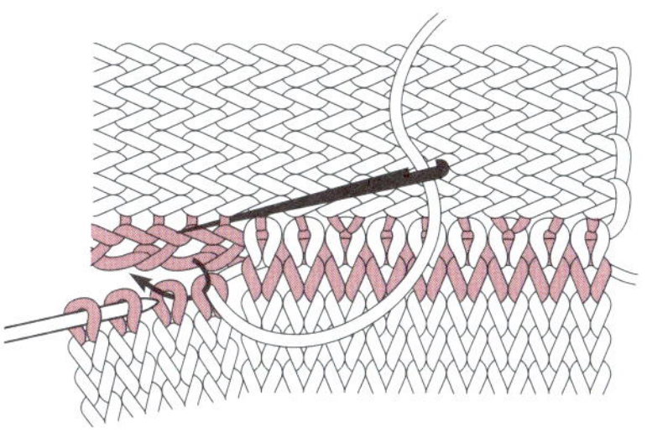

✦ 꿰매는 법

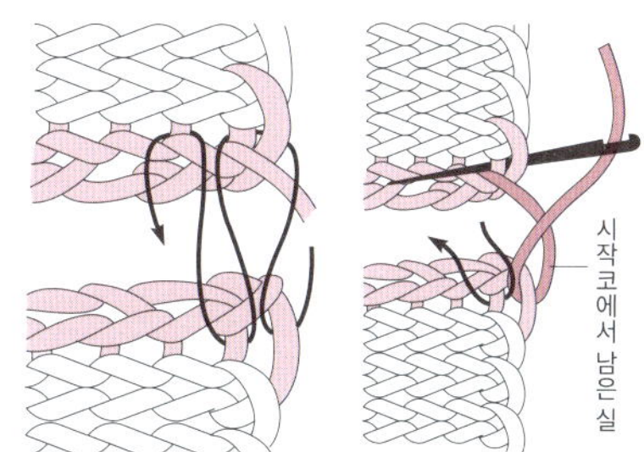

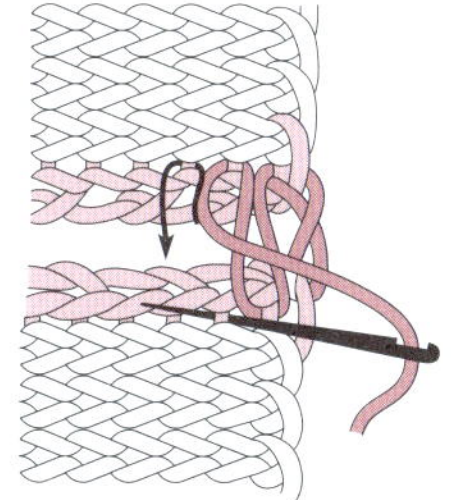

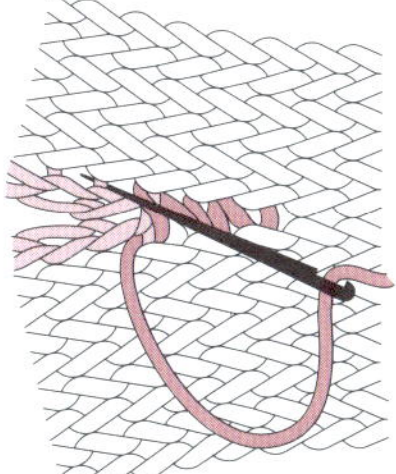

시작코를 만들고 남은 실을 꿰매기할 때 사용한다. 아래쪽의 시작코에 있는 가로실을 주운 뒤 위쪽은 화살표처럼 시작코와 첫째 단의 가로실에 바늘을 넣는다.

가장자리 코와 둘째 코의 가로실을 1단(1가닥)씩 번갈아 건진다.

꿰매는 실을 1단씩 조이면서 꿰매면 깔끔하게 마무리된다.

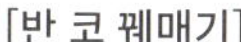

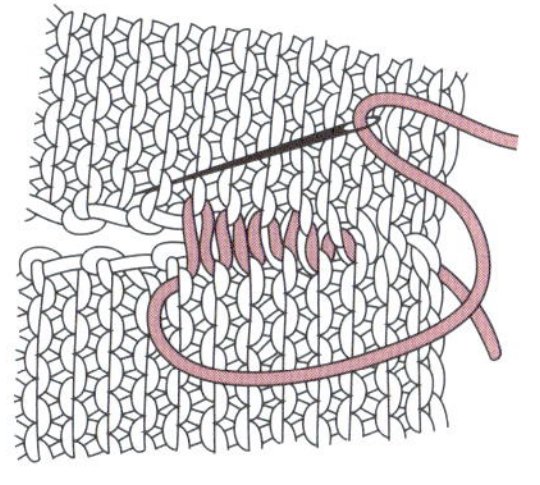

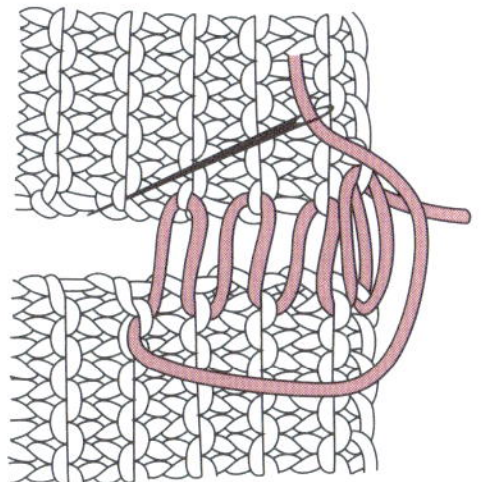

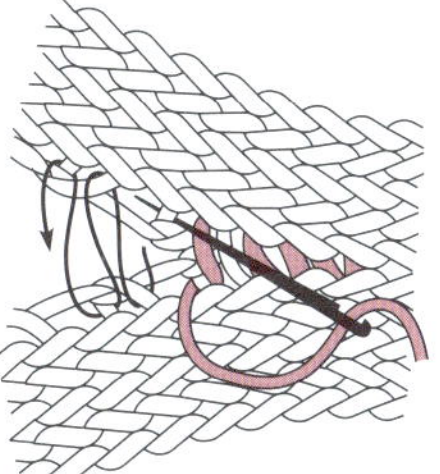

가장자리에서 1코 안쪽에 있는 가로실을 1단씩 줍는다.

가로로 볼록 나온 부분(凸)이 이어지도록 꿰맨다.

가장자리 코의 반 코끼리 꿰매면 얇게 마무리된다.

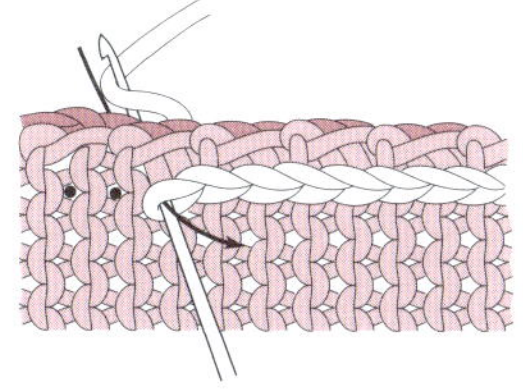

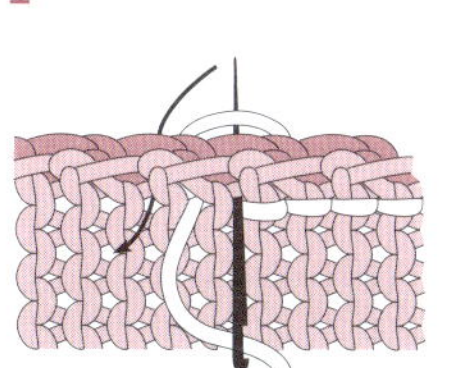

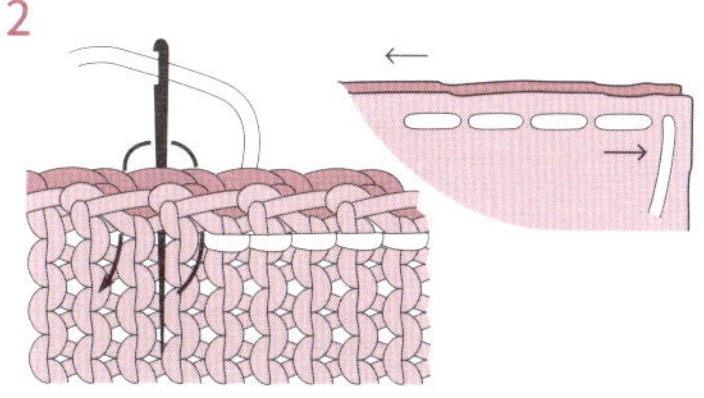

직선 부분은 가장자리 코와 둘째 코 사이를 1단씩 빼내서 꿰맨다.

가장자리 코와 둘째 코 사이에 바늘을 넣은 뒤 1단 건너뛰어 바늘을 뺀다.

1단 되돌아와서 바늘을 넣은 뒤 1단 건너뛰어 바늘을 뺀다. 이 과정을 반복한다. 곡선일 때도 같은 요령으로 꿰맨다.

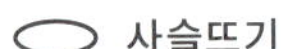

◆ 뜨개기호와 뜨는 법

사슬뜨기

2 실 끝을 당겨서 코를 조인 뒤 화살표처럼 실을 건다.

4 필요한 콧수만큼 떠서 시작코를 만든다. 처음 만들어진 코는 굵은 실이나 특별한 경우를 제외하고는 콧수로 계산하지 않는다.

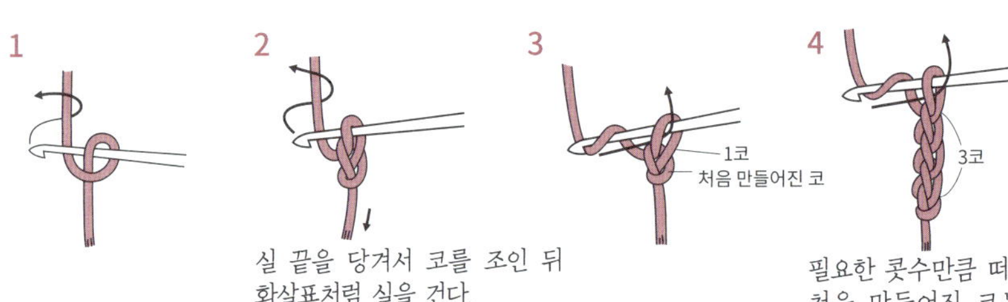

짧은뜨기… 사슬 1 코로 기둥코를 만들어 뜬다. 기둥코는 콧수로 계산하지 않는다.

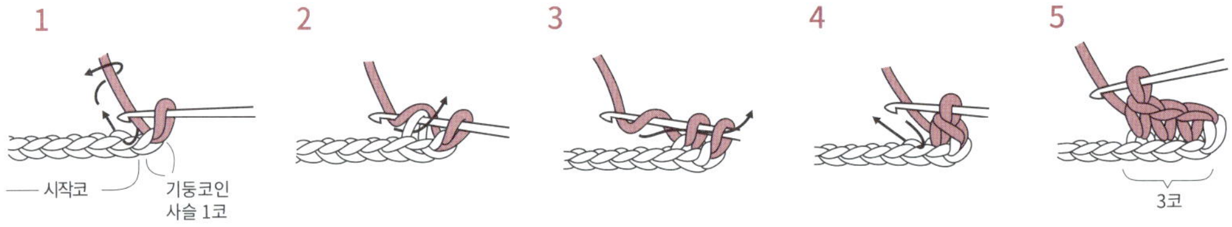

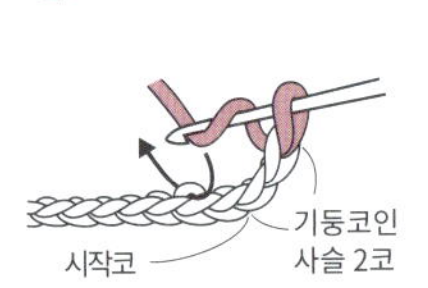

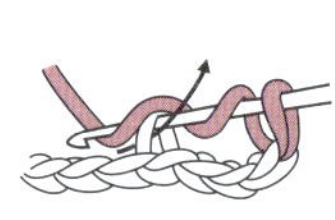

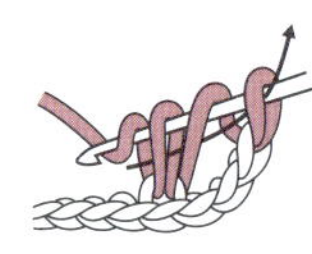

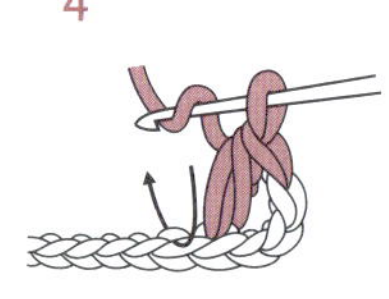

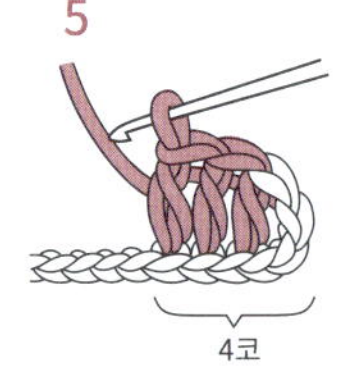

긴뜨기… 사슬 2 코로 기둥코를 만들어 뜬다. 기둥코도 콧수로 계산한다.

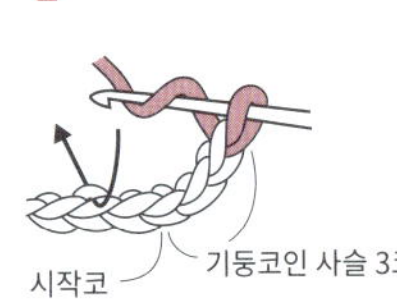

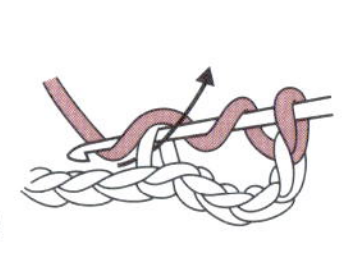

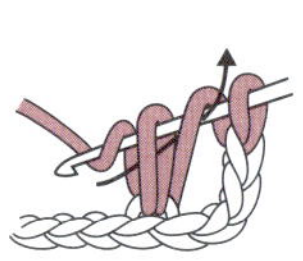

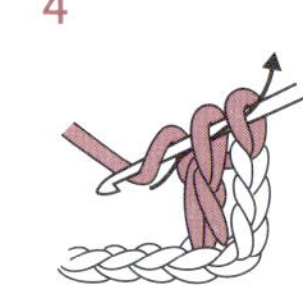

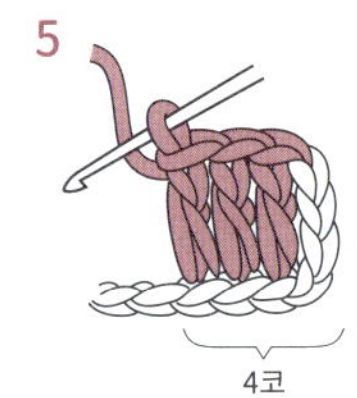

한길 긴뜨기… 사슬 3 코로 기둥코를 만들어 뜬다. 기둥코도 콧수로 계산한다.

빼뜨기

1 실을 뒤쪽에 두고 뜨기 끝부분의 코에 바늘을 넣는다.

2 바늘에 실을 걸어 한꺼번에 빼낸다.

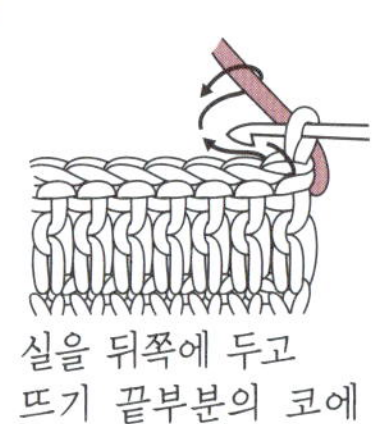

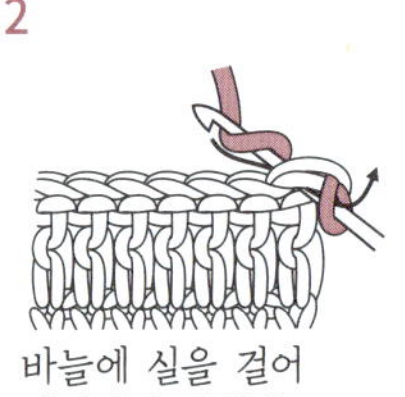

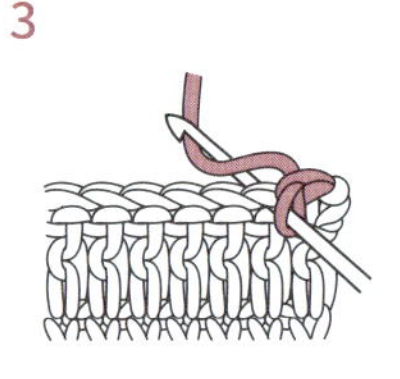

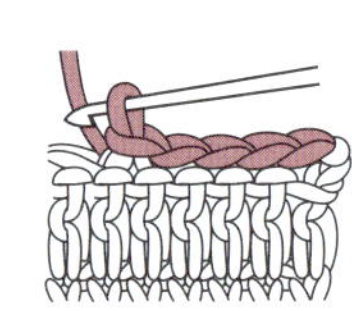

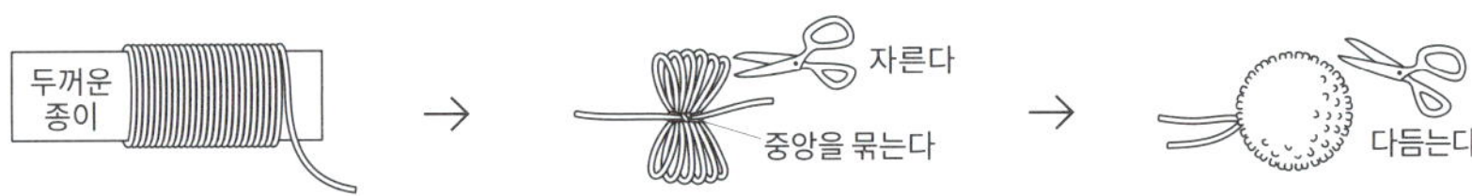

◆ 털실방울 만드는 법

●이 책에서 사용한 털실	굵기	소재	중량	길이	대바늘	게이지 (10×10cm)
퀸 애니	병태	울100%	50g	97m	6〜7호	19〜20코27〜28단
브리티시 에로이카	극태	울100% (영국 양모 50% 이상 사용)	50g	83m	8〜10호	15〜16코21〜22단
소프트 도네갈	병태	울100%	40g	75m	8〜10호	15〜16코23〜24단
셰틀랜드	병태	울100% (영국 양모 50% 이상 사용)	40g	90m	5〜7호	21〜22코29〜30단
미니 스포츠	극태	울100%	50g	72m	8〜10호	16〜17코21〜22단
키드 모헤어 파인	극세	모헤어79% (슈퍼 키드 모헤어 사용), 나일론21%	25g	225m	1〜3호	27〜28코39〜40단
알베로	극태	울50%, 아크릴40%, 알파카10%	50g	85m	10〜12호	14〜15코19〜20단
브리티시 파인	중세	울100%	25g	116m	3〜5호	25〜26코33〜34단
보토나토	병태	울100%	40g	94m	7〜9호	17〜18코24〜25단

사이치카(サイチカ)

니트 디자이너. 문화복장학원 졸업.
의류 제작 및 니트 디자인을 수학 후 2010년부터 다수의 잡지 및 서적, 브랜드 등에 니트 디자인을
제공하기 시작했다. 세련되고 독창적인 디자인으로 호평을 얻고 있으며 디자인 스튜디오 SAQULAI.
Inc에서 니트 디렉터로도 활동 중이다.
주요 저서로는 『아이슬란드 로피로 뜨는 노마딕 니트』, 『흰 실로 뜨는 스웨터』, 『지금 입고 싶은 스웨터』,
『두 사람의 원더풀 니트(효도 요시코 공저)』 등이 있다.

북 디자인	나와타 도모코 L'espace
촬영	미키 마나
스타일링	다나카 미와코
헤어 메이크업	미야모토 요시카즈
모델	이노리 / 가노코
도안	시카노루무
교열	무카이 마사코
편집	시무라 야에코
	미야자키 유키코(문화출판국)
제작 협력	다자와 이쿠코
	도쿠나가 호즈미

뜨개질이 즐거운 , 니트

2026년 3월 16일 초판 1쇄 발행

지은이 | 사이치카
발행인 | 신재은
옮긴이 | 김수연
발행처 | 마피아싱글하우스
출판등록 | 2014년 4월 23일(제2014-000077호)
주소 | 서울특별시 동작구 동작대로35길 67 1F
전화 | (02) 579-2877
팩스 | (02) 6008-9915
홈페이지 | www.mafiasinglehouse.com
인스타그램 | @mafia_single_house
ISBN 979-11-990951-0-6 (13630)

● 재료 제공
퍼피 http://www.puppyarn.com/
★실은 제조사의 사정에 따라 단종될 수 있습니다. 양해 부탁 드립니다.

● 협력
ACTUS
alpha PR
Lea mills agency
MARVIN&SONS
nookSTORE
OLDMAN'S TAILOR

Mafia single house 「마피아싱글하우스」는 꿈이 있는 사람들을 위한 수공예 전문 출판사입니다.